U0855459

藏密大师丛书

མར་པ་ལོ་ཙཱ་བའི་རྣམ་ཐར།།

玛尔巴传

查同结布 ◎ 著

张天锁　申新泰
文国根　张家秀 ◎ 译

西藏藏文古籍出版社

图书在版编目（CIP）数据

玛尔巴传 / 查同结布著 .
—拉萨 : 西藏藏文古籍出版社 , 2016.2（2020.9 重印）
（藏汉翻译丛书）
ISBN 978-7-80589-218-4

Ⅰ. ①玛… Ⅱ . ①查… Ⅲ . ①玛尔巴（1012 ～ 1097）—传记 Ⅳ . ① B949.92

中国版本图书馆 CIP 数据核字 (2012) 第 128060 号

玛尔巴传

作　　者　查同结布
责任编辑　何卫峰　次　巴
封面设计　焦云伟
出版发行　西藏藏文古籍出版社（拉萨市色拉路 22 号）　**邮政编码**　850000
第二编辑部（北京）：100013　北京市东土城路 8 号林达大厦 A 座 13 层　电话：010-64466847
打击盗版：0891-6649998　13908990085
印　　刷　北京谊兴印刷有限公司
经　　销　全国新华书店
开　　本　16 开（710×1 000）
印　　张　14.5　　**字　　数**　150 千
版　　次　2016 年 2 月第 1 版
印　　次　2020 年 9 月第 2 次印刷
标准书号　ISBN 978-7-80589-218-4
定　　价　29.80 元

版权所有　翻印必究

记玛尔巴上师

玛尔巴上师(1012—1097)，本名却吉洛追，是藏传佛教噶举派的创始人，藏传佛教史上著名的译经大师。在众多高僧大德中，玛尔巴上师不但以火暴的脾气出名，且又以突发的宽宏大量和幽默而著称。

他出生于前藏南部洛扎曲其普，其家庭十分富有。老父担心他执拗、暴烈的性情给家里招来灾祸，便送他到从印度归来的卓弥译师处学习声明论、梵文及翻译，玛尔巴上师极其勤奋且有天赋，很快学有所成，为求得更珍贵的教法，玛尔巴上师又前后三次去印度、四次赴尼泊尔求学佛法。

首次赴印，玛尔巴上师从家中带了十八两黄金，经尼泊尔时，从基特巴与本达巴二人学习《喜金刚吉祥四座》等密续。在听到那若巴大师的尊号后，他油然而生起敬信，经请求，由那若巴的弟子喜绕僧格带他去谒见那若巴上师，此时那若巴已得到授记，知道有一具缘弟子从雪域前来求法。

师徒一见面十分欢喜。玛尔巴向那若巴大师行顶足礼，献上黄金等礼品求学佛法。那若巴大师首先给玛尔巴灌了喜金刚顶，然后传授密法，让他修持。此后玛尔巴又从益喜宁保大师(智藏大师)、古古热巴大师(寂贤大师）、麦哲巴大师、空行母哲泽顿登上师那里获得珍贵的密法教授。如此十二年后，玛尔巴上师求法用的黄金业已耗尽，决定返回西藏筹集黄金，那若巴大师为他作了加持，送他回雪域传播佛法。

玛尔巴上师从印度、尼泊尔返藏后，在藏北一带为一些富人的孩子治病，获得一些黄金。一些具缘弟子也远道而来向他求法，如玛尔巴郭勒、俄敦却多等。玛尔巴上师的声誉和福德日益大振。当求法用的黄金足够时，玛尔巴上师立刻决定起程再次赴印。

第二次赴印，行至尼泊尔时，玛尔巴上师再次拜见了基特巴和本达巴两位大德，并在两位大德的安排下，顺利到达印度那若巴大师处。此次赴印，玛尔巴上师一一前往拜见昔日的诸位上师，并供上黄金，重新学习了以前所求得之法并认真校正，过去未学之法请各位上师教授。然后玛尔巴上师将求得的各种法典翻译成书，日益精进，成就迅速，如愿完成了求法事业，于是计划返回西藏弘扬佛法。

临行前，那若巴大师要求玛尔巴上师要再来一次印度，但未言明原因。玛尔巴上师也未明其义便返回了西藏。此时玛尔巴上师的福德、声誉、教化、事业异常兴盛，又有米拉日巴等具缘大弟子前来依止。米拉日巴曾奉母命学咒伤人，玛尔巴上师便命他为自己的长子达玛多德修建一座九层碉楼，并数次以荒谬的借口让米拉日巴拆了重建，以此苦行来消除米拉日巴的业障。之后才为米拉日巴传授灌顶和教授。

米拉日巴遵师命闭关时，忽得到空行母的授记，不明其义，便前去询问玛尔巴上师。此时，玛尔巴上师突然领悟到自己离开印度时，那若巴大师要求自己再去印度的含义，于是立刻决定动身赶赴印度，但玛尔巴上师此时已年纪高迈，众弟子纷纷设法阻拦，可玛尔巴上师心意已决，作了一首“纵然冒死我也要去印度”的歌后，带上一碗黄金，只身前往印度而去。

玛尔巴上师在印度偶然遇到阿底峡尊者，得知那若巴已圆寂的消息，悲痛难已。但玛尔巴上师得到了可以见到上师的授记，便不舍昼夜到处寻访，终于在密林深处见到了那若巴大师，从大师学习了尚未学到的殊胜教法。此后，那若巴大师授权玛尔巴为他的法位继承人，并预言玛尔巴将法嗣昌盛。而后，玛尔巴上师返回西藏，致力于宏扬佛法。

玛尔巴上师培养了许多弟子，其中最著名的为“四柱”弟子：精通密续、继承教诫传承的俄敦却多、擅长往生法的促敦旺额、继承光净传承的梅顿钦波、精于闻思修的米拉日巴。加上羌塘地方的玛尔巴郭勒、杰普格西·珞迦觉色、哲麦乌琼、吉敦·迦杰、哇让贝哇坚、徐官贝里，统称为十大弟子，他们后来各自发展，逐渐形成噶举大派。

玛尔巴上师没有受戒出家，但他一生三次赴印度、四次赴尼泊尔，来回背着行李穿过毒蛇林、沙漠、毒水河，经历无数艰难，先后拜 112 位大师广求佛法，坚韧不拔地学法、传法、修持，佛学成就巨大。他回藏时带回许多密宗经典，译成藏文。还译有《甘珠尔》和《丹珠尔》两部大藏经的部分内容，被称为古代西藏七大译师之一。

玛尔巴上师于 1097 年圆寂，享寿 86 岁。玛尔巴上师的圆寂十分奇特。据《达隆佛教史》载，大师结跏趺危襟正坐，其妻无常母首先化成一团白光，进入上师心窝处。玛尔巴上师的一小块天灵盖突然飞起到空中十米多，然后落到地上，这块天灵盖上有舍利组成的喜金刚五佛像，上师头顶有如明月的白光升入虚空消失。之后在进行法体火化时出现了许多舍利子。

《土观宗派源流》总结其一生佛学成就说：“他初从卓弥学梵文，以后三赴天竺、四赴尼泊尔，参访了班钦那若巴、麦哲巴、吉译智藏、大成就者寂贤等大善知识108人，尽学《集密》《胜乐》《喜金刚》《摩诃摩耶》《四座》等大瑜伽父续母续之讲解、教授、实修等，悉数翻译流布，依弥勒巴生起大手印的彻底证悟。”

目　录 contents

颂 辞

向上师、天神、空行母敬礼！

宿慧[1]发心[2]是誓愿应时的增上意乐船，
您不惜身命为利众生而登坐在其间，
精进顺风扬起了圣财[3]顺缘[4]的资具帆，

破浪来到布拉哈日等圣境水藏洲边，
依从那若巴等威光照耀的至尊圣贤，
得到了如意雨般佛法妙宝愿足意满，
遍除藏地世间贫困使其永归无漏[5]善，
向善事舵手玛尔巴您恭敬顶礼赞颂。

您以金刚身把疲劳除，
荣膺印度贤哲做补处，

【1】宿慧——早先熟悉的技能或知识。佛书译为宿习。
【2】发心——又称发菩提心。指为生起为利众生愿成无上菩提之心。
【3】圣财——圣者至宝。
【4】顺缘——有利条件。对出生后果有利之助缘或因缘，如生起麦苗之有利条件水、肥；生活之有利条件为衣食等。
【5】无漏——远离烦恼垢染之清净法，如道谛及灭谛等。

在此雪山丛中树法幢，
礼赞译师玛尔巴的身。

诸佛语之甘露是现证，
一切词义饮果狮吼声，
能将邪见【1】小乘【2】灭除去，
礼赞译师玛尔巴的语。

了解一切所知之情状，
舍己为他慈悲爱众生，
智悲光驱众生心中愚，
礼赞译师玛尔巴的意。

广事无漏增乐利他身，
转动体验大乘【3】法轮语，
五智【4】、自义【5】二者究竟意，
至尊译师尊者玛尔巴，
弟子礼赞您的身语意。
我对佛陀上首弟子您（指玛尔巴却吉洛追），

【1】邪见——五见之一，十恶之一，十随眠之一。指否定善恶因果理法的僻邪见解。
【2】小乘——也称下乘。即指声闻乘和独觉乘。
【3】大乘——也称上乘或菩萨乘。以七种广大，胜出小乘，故称大乘。
【4】五智——大圆镜智、平等性智、妙观察智、成所作智、法果性智。即佛所有的智慧。
【5】自义——自己的利益。

笃信不已赞颂并顶礼。
勤事三门[1]、他利[2]、二次第[3]，
不分昼夜为彼献供礼。

当初烦恼致堕三门罪，
今日深感羞愧作忏悔。
至尊您为佛法修苦行，
此等殊胜事业我赞成。

为了我等成熟得解脱，
正将调伏一切法轮转，
直至救度有情离苦前，
祈请怙主常住不涅槃[4]。

为使众生成佛而回向[5]，
愿佛连同弟子满此望。
最上士夫译师玛尔巴，
功德传记犹如天空大，
兹将希奇事迹略记述，

【1】三门——身、口、意。即行动、言语和思想。
【2】他利——利他的事。
【3】二次第——修习密法的生起次第和圆满次第。
【4】涅槃——梵语译音。意为脱离忧苦，超脱忧愁。
【5】回向——转变、增长，是回向义。转变轮回因力之诸善根成为大菩提因，增长有尽诸善根成为无尽。亦即欲求转变、增长自他三世所积一切有漏无漏福泽皆为无上菩提之因，名为回向。通俗地讲，即把自己所修的功德转向众生，让众生得到幸福。

旨在为对众生有益补。

请求上师、本尊、空行母，
能以慈悲开许并加持。

为教化所有的愚昧众生，先世诸佛经过商议，派遣心传弟子[1]登地菩萨衮都桑波（即普贤菩萨），于印度投生为卓毗·哂噜迦，广做利益众生之事。其后，又为教化西藏的一切众生，接受派遣，投生为人，是故西藏众生始获福德。佛教的太阳、圣者玛尔巴译师的希奇事迹传记共有五章。即：

第一章　降生西藏，初遇佛法
第二章　三赴印度，求取佛法
第三章　精修教诫，获得证悟
第四章　实现誓愿，宏法度生
第五章　完成大业，隐入法界

【1】心传弟子——得到传授大法的最亲近的弟子。

第一章　降生西藏　初遇佛法

圣者玛尔巴译师生于西藏山南洛扎秋切的卓窝隆·牌萨村。父名玛尔巴·旺秋维赛，母名佳姆萨朵黛，兼营农牧二业，资财颇为丰足。此对夫妇共生子女三个，尊者玛尔巴为最小者。该玛尔巴自幼心思敏捷而又秉性顽烈，因此，他父亲常说："我的这个儿子，如果有心计，则无论出家在家都将出类拔萃，因而于己于人必多裨益；万一无心计，于己于人均遭祸殃。如此权衡利弊，还是寄望佛法者为妙。"

玛尔巴原名塔玛旺秋，十二岁时，遵从父命，依止地方上的一位导师入了佛门，取法名却吉洛追（译言法慧），学书识字。虽然他天资聪颖，一学即通，但是他又性情执拗，极好争辩。因此，家人都说："这个冤家真造孽，总有一日会遭报应，重则送掉他自己或我们的性命，轻则失去咱家田财房屋。"当玛尔巴因家庭内外所有人的指责、讥讽而苦闷之时，父亲说:“依我看,你还是去投远方的一位善贤上师求学为好!”玛尔巴遵从父命,决意求学,便请父母筹措恩赐费用、物品。父母答应道:“暂且先给你这些吧。”于是,给了印制《大般若经十六函》所需纸张两驮、黄金一两、银瓢一把、良马一匹并紫檀木质鞍子、织锦缎一匹等。玛尔巴带上父母给的费用、物品,往访名师。当时卓弥译师【1】刚从印度回来,瞬间声誉鹊起,玛尔巴闻讯往投,来到芒咔木古龙寺,将两驮纸张并驮牛供奉于卓弥,同时向卓弥恭敬顶礼,倾诉求法缘由,乞请给予灌顶【2】、传授教授【3】。但是卓弥译师没有给玛尔巴灌顶和传授教授,而只是教他学习梵文的直读和印度普通话的翻译。玛尔巴遵师指点学习了三年,终使梵语文达到了相当熟练的程度。

【1】卓弥译师——卓弥释迦循努。宋真宗时,由吐番王朝朗达玛的三世孙阿里王扎西则派往印度和尼泊尔等地学习佛法,回藏后专主母续,宏其讲修,译注新密甚多。卒于1064年(宋英宗治平元年)前后。

【2】灌顶——古印度国王即位以水灌顶,即有权管理国政。佛教密乘坛中授予灌顶,即使有权听闻、讲说、修习密宗,罪垢永净,身心留植修道缘分。换言之,灌顶即授权,上师传法时准许弟子修习,是密宗的一种宗教仪式。

【3】教授——佛教术语,即口诀、窍门、教诲等意。

第二章　三赴印度　求取佛法

第一节　首次赴印之事迹

玛尔巴先后三次赴印，其中首次赴印事迹可分三点叙述：第一，心中生起赴印的念头，筹措资粮，邀约同伴，一起赴印的情形；第二，到达印度以后，拜见诸位贤哲上师，学得大乘心要的无上妙法的情形；第三，获得灌顶及教授等妙法后返回西藏的情形。

一、心中生起赴印的念头，筹措资粮，邀约同伴，一起赴印度的情形

在上师卓弥近前，梵语文学到相当熟练的程度之后，玛尔巴醒悟到

自己与卓弥没有长期交结的法缘，而与印度的班钦那若巴[1]等诸位上师相见的善好法缘时机已经成熟，又恰得至尊金刚瑜伽母[2]感应之力，始使与那若巴会面的愿望得以实现。所以，玛尔巴心中盘算：在卓弥上师身边长时留住没啥意义。因为，若求全部无我母[3]四灌顶[4]，则需十五头牦牛的供养；若仅求一个独髻母[5]的随赐[6]，也需一两头牦牛的供养；依此推理，必然形成一种情势——若无大的供养，便得不到称心如意的圆满佛法。看起来，即便是搞到相应数量的供养，求得圆满佛法，但卓弥恐怕仍不堪为我中意的贤哲上师。因为玛尔巴曾经一再请求卓弥泽师借给《空行母金刚帐本续》一书看一个短暂时期，谁料他就是不答应。于是，玛尔巴又想，凡是卓弥上师喜爱的东西我都供养于他；至于其余财物，我将兑换成金子，连同父母赐分我的所有财物一并带上，我自己也要亲赴印度学法去。随后，便按既定打算，将手头所有的财物供养于上师卓弥，使其满意，彼此就在高兴的气氛中分了手。玛尔巴带上身边仅有的余物——一匹马和一副紫檀木鞍子，到拉堆绛[7]的达孜[8]方面置办金子，把马和鞍子兑换成金子。

那时候，当地有一个息尔寺，新来一位后藏桀普地方的大德名叫洛迦觉色，他是应一位弟子之请前来传法的，弟子给了他丰富的供养。玛

【1】那若巴——公元11世纪出生于印度，为得大成就者底洛巴弟子，玛尔巴之师，对玛尔巴传授胜乐及那若六法等。

【2】至尊金刚瑜伽母——空行母。

【3】无我母——佛母名。

【4】四灌顶——宝瓶灌顶、秘密灌顶、智慧灌顶、句义灌顶。简称瓶、密、慧、句灌顶。

【5】独髻母——又称吉祥天母。旧密心精所说一护法名。

【6】随赐——给予加持。指允许修、诵、受某一本尊仪轨之权。

【7】拉堆绛——即北拉堆，今日日喀则行署昂仁县及其周围一带地方的古老称谓。

【8】达孜——昂仁县北部一地名。

尔巴在当地时，适逢洛迦觉色传法完毕，即返桀普，便请求与他结伴而行，路上给予照应。洛迦觉色非常痛快地答应了他的请求，赐给干粮和茶叶，并恩准届时提供骡子当作役畜使唤。

到达桀普地方后，玛尔巴得知这位格西[1]确是信守誓言之士，便照实相告："不瞒师父您，弟子我是打算去南方尼泊尔学翻译的，这次难得您记挂相助，感恩不尽。如果我的生命没有危难的话，请您以后仍能费心给予帮助。"洛迦则说："我已年迈，以后能否与你再见，确难预料。不过，只要你来，安歇之处及照应事宜，自有我的儿子们张罗，所以你务必前来无妨。"说完，赠给一两赤金，一匹氆子，送玛尔巴启程上路。

玛尔巴辞别洛迦觉色，转道回到家乡洛扎，见了父母便央求说："我要前往印度学法，请把我应得的一份财产、田地、房屋全部给我，以作资粮。"父母姊妹听罢异口同声劝道："你去印度学习翻译有何用？学习佛法又能作甚？至于说到修法，若是能修就在西藏修得了；若是不能修在家务农算了。"玛尔巴则对父亲说："您老人家先前曾讲要送我去远方投奔名师，儿我今日正是遵您言教，决意远去印度，访投名流'班智达'[2]上师。"

人们无论怎样劝阻，他都不听，执意要到了应得的那份家产。玛尔巴留下房屋、田地未动，而将其余的全部家产兑换成一十八两赤金带着。当他正准备与两位同伴启程之际，不料两位同伴因亲朋劝阻而改变初意不去了，剩下玛尔巴独自一人登上旅程。苦于无伴之时，谁知走到娘兑

【1】格西——善知识。指引取舍正道的师友。在僧众中辩论佛教经籍的学位名号。按拉萨三大寺制度，分拉让巴格西、错让巴格西、多让巴格西和岭赛格西四级。

【2】班智达——佛学通人，佛学家，潘迪特。精通五明的佛教徒或学者的尊号。

的仄乃拏地方，恰好遇着喀日的虐译师也到印度去。虐译师问玛尔巴:“你从何处来，要到何处去？”玛尔巴答:“我从洛扎来，要到印度学法去。”

虐译师又问:“到印度学法需要很多赤金，你可有吗？”玛尔巴不敢以实言相告，便谎说:“只有一二钱金子。”虐译师因说:“这么一丁点金子抵不了什么用处，你需知，到印度去趟若没有很多金子，那就如同俗语所说的‘水槽空无水，解渴成泡影’一样，徒劳无用，是求不到法的。而我却有好多的金子，只要你肯做我的仆从，那么，学法所需的金子嘛，我们可以合伙使用。”玛尔巴心中思量:这可如何是好？最后拿定主意，法是不向他求的了，但为了早些启程，便答应在旅程中权且与他扮做主仆。于是，二人结伴而行，一直到了尼泊尔。

二、到达印度以后，拜见诸位贤哲上师，学得大乘心要的无上妙法的情形

玛尔巴和虐译师到了尼泊尔。有一天，行至某山沟，但见人群如海，热闹非常，便上前打问:“他们在那里干什么？”有人回答说:“此地有尊者那若巴的尼泊尔籍弟子叫作基特巴与本达巴二人，现在正同其弟子们转动会供轮[1]，你们若是前往，他们肯定欢迎，并供斋饭。”玛尔巴一听到那若巴的尊名后，宿缘顿悟，生起了无限的诚敬之心。二人商定:既然前去甚好，那就一定前去。于是，玛尔巴和虐译师为了观看热闹和

【1】会供轮——会供曼陀罗。佛教行者，观想凭借神力加持五欲及饮食品成为无漏智慧甘露以供师、佛三宝及自身蕴、处、支分三座坛城，积集殊胜资粮的仪轨。

修集资粮[1]，来到了人众聚会之处。当时，基特巴正在讲授“密集”[2]法意，二人便随众听受。基特巴说：“这藏族人不知已经完全获得密宗灌顶没有，窃听密法，是有罪过的。”本达巴也说：“藏族人笨拙如牛，连我们尼泊尔语都听不懂。”虐译师颇通尼泊尔语，听了本达巴的讽言，很是不悦，便中止了听法，念起咒来。

第二天，玛尔巴又同虐译师商量说：“咱俩今天还是去作修集资粮[3]和听法吧！”虐译师说：“你自己要去就去吧！反正我是不去那地方了。他们还骂我们藏族人是笨牛，殊不知他们尼泊尔人才是货真价实的笨牛哩。”说罢，呆在原处未动。玛尔巴独自一人前去听法，基特巴问：“昨日与你结伴来的那人到哪里去了？”玛尔巴答：“因他通晓尼泊尔语，为昨天本达巴师父所言激怒，所以未来。”基特巴说：“他与我本无法缘[4]，（不来算了），你自己独来正好。”于是就给玛尔巴传了吉祥四座法[5]、往生夺舍法[6]和推萎天女[7]的随赐法等。玛尔巴在原来初识文字的基础上，又向本达巴学习了些翻译，他向二位师父禀明自己没有好多金子，现在只能各供养一两。二位师父欣然接受，并且高兴地说：“你如果没有好多金子而求学佛法，那现在不要求供养金子又肯传给佛法的

【1】资粮——善业。
【2】密集——汇集密乘道果全部秘密要义之法。亦为佛教无上密乘一本尊名。
【3】修集资粮——又可译作资粮成就。成办究竟趋入大乘资粮即依大乘发心成办二利事业之直接能生自果大菩提者。
【4】法缘——学习佛法的缘分。
【5】四座法——法要名。
【6】往生夺舍法——使死者灵魂往生净土或进入其他尸体以借尸还魂。为那若六法之一。
【7】推萎天女——一种随赐。

上师班智达，除了法王那若巴再无他人。”接着，向玛尔巴讲述了那若巴的种种功德，并说：“那若巴是我的师父，他乃释迦牟尼佛第二，（你若有心向他学法），我俩完全可以引荐你去。不过你得暂住此地，适应一下气候，（然后再去也不迟）。”如此透彻的慈爱教诲使玛尔巴对二位师父生起了无限的敬信，便说：“我于自己的生命在所不惜，一心只想前往那若巴尊前学法。（不过二位师父所言极是，弟子我遵从劝导，在此暂住一时）。”于是，按照二位师父的指引，在叫作帕巴新滚的地方住了三年，习惯了气候，尽可能地了知学习那若巴传承法所需的知识。

三年以后，两位师父给那若巴的弟子沙弥【1】喜绕僧格写了一封信，让玛尔巴带着去找喜绕僧格。信中说：“请您（指喜绕僧格——译者注）也给此藏族人讲讲法，并且务必引荐他去拜谒师父那若巴。”又派蹉格为伴同行。于是，玛尔巴、蹉格及虐译师三个人一起启程前往，途中备受艰难困苦，终于到了那兰陀【2】寺。

玛尔巴问虐译师：“尼泊尔大师基特巴的师父、善巧的班智达那若巴就住锡于此寺，你不去向他求法吗？”虐译师则说：“该那若巴从前固然是大班智达，可是他后来却参访底洛巴【3】，尽舍知见，而修‘古苏

【1】沙弥——梵语室罗摩尼的简称。别解脱七众之一。承认守护十所学处及其所属三十三种违犯之出家男子。

【2】那兰陀——译言施无厌。古印度摩揭陀国王舍城的著名寺陀。建于5世纪至6世纪初，有八大寺院，僧徒主客常至万人，学习大乘、小乘并吠陀、因明、声明、医方等，为古印度佛教的最高学府。我国唐代玄奘、义净等在此留学多年。12世纪末被毁，近世才发掘出一部分遗迹。

【3】底洛巴——古印度一高僧名。公元10世纪人，系那若巴之上师，原名慧贤（协饶桑布），密宗得成就者，因曾作榨油工，故名。

鲁行’去了，所以，我不去他那里。你如果随我去，则金子可以合伙用；你如果不随我去，则一厘金子也不给你。要知道在印度东南西北四方，犹如日月生辉，名满天下的大班智达多的是，我自己要到他们那里去了。”本来虐译师他与那若巴就无法缘，因此，连一厘金子也没有给玛尔巴，径自寻找他所敬慕的师父去了。

玛尔巴经过探寻，终于找到了沙弥喜绕僧格，便将尼泊尔二位师父的亲笔信呈上，同时详细叙述了自己到此的原委。沙弥喜绕僧格说：“我师父那若巴现在不在这里，他到印度西部的拉帕尔地方去了，不过很快就会回来的。这期间，你暂且住在我处，我也一定遵照二位法友信中所嘱竭尽全力帮助于你。”喜绕僧格所言正中玛尔巴心意，他也恰好打算暂住此地。

在沙弥喜绕僧格身边住着一个具神通的班智达，他说：“今后几天内，很快将有一使者来此，我们的师父也要到达布拉哈日了。”果然不出所料，第二天破晓时，来了一位游方僧。他说：“你处有一位西藏僧人，快领他去！”说罢便走了。其时，玛尔巴便随喜绕僧格一起，到了布拉哈日的迥梅朵坚白城（译言华庄严城）金山寺，由沙弥喜绕僧格引见，拜谒了师父班钦那若巴，并且虔诚顶礼，供养了许多金花。尊者那若巴便向玛尔巴说了如下几句话：

“至尊上师曾经授记，玛尔巴你堪为法器，
打从北方雪域来此，学习佛法实在可喜。”

说着，那若巴心中十分高兴。

玛尔巴向师父那若巴禀告道：“我有一个同伴，金子很多，只因尼泊尔的本达巴有几句话说得稍有差池，他就找别的师父去了。”那若巴说：“你那位同伴他与佛法无缘。”于是，便给玛尔巴先灌喜金刚[1]顶，后传《二品续》[2]、金刚帐续[3]、桑布扎续[4]等，玛尔巴在一年之内学习了上述那么多法。满一年后的一天，他到城里消遣游玩，恰与虐译师相遇。虐问玛尔巴：“你这段时间学了些什么法？”玛答：“我学到了喜金刚法。”虐便说：“今日我俩相逢，正好辩论一番。”由于玛尔巴于喜金刚法甚为精通，虐译师辩论不过，心中又不服，就嘲讽玛尔巴说：“喜金刚法已在西藏盛传，学它何用？相比之下，还是父续的集密金刚更为殊胜，它的风脉[5]效验最灵，可以立即成佛，因而此法才是现在所需要的。”

对于集密金刚的法语，玛尔巴无言以对。于是便回到师父那若巴处，又禀报说：“弟子今日进城之时，与虐译师相遇，二人辩论喜金刚，弟子我获胜。虐又说辩论集密金刚，弟子我因未曾听闻此法，便无言对答。祈请师父慈悲为怀，传给弟子此大法吧！”师父那若巴说：“集密金刚是父续[6]类的法，此法的教主名叫益喜宁保（译言智藏），他是位班智达，已经证得中观自续派[7]见成就，现住印度西方拉盖夏扎寺圆月精舍内，你可去那里，向他学法，不会有啥障碍。”玛尔巴遵照师父指点，来到

【1】喜金刚——无上密乘一本尊名。
【2】二品续——即《喜金刚续》。全书共二章，故名《二品续》。
【3】金刚帐续——一法要名。
【4】桑布扎续——一法要名。
【5】风脉——密教气功术语。风，指气；脉，指血脉。风和脉是构成生命活动的两种物质。
【6】父续——金刚乘中，主要论述幻身或现分方便生起次第的经典。
【7】中观自续派——在世俗名言中承认事物自相实际存在的无性论者。

了益喜宁保近前，先得了集密金刚的教授，另外又得了事、行、瑜伽三部[1]的仪轨[2]与全部实修，并于密乘的要义生起了正觉。

一日夜晚，他独自暗想："我起初从西藏到尼泊尔，见了基特巴和本达巴二位师父，承蒙他们慈悲怜爱，得了预言和教诲，这些肯定都是上师那若巴加持的结果。"于是对师父生起了极大的信念。天黎明时，他便怀着喜滋滋的心情，以金刚歌的曼扎[3]供养师父。歌中唱道：

"师身、佛身本等同，我向诸师把礼敬；
尤其应向净土[4]中，那若班钦以及那，
吉祥益吉宁保师，以头触足把礼敬。
只因宿业所注定，我于西藏洛扎生，
父母给了我生命，取了却吉洛追名，
令学正法恩情重，更当毕恭把礼敬，
佛法摄受于轮回[5]，以报双亲大恩情。
于那自性无生的曼扎，庄严各种境界的妙花，
用它供养上师的身密，请师加持弟子我身业。
于那虚空清净的曼扎，庄严以那不灭因缘花，
用它供养上师的语密，请师加持弟子我语业。

【1】事、行、瑜伽三部——即密乘六部中之外续三部。密乘六部中之内续三部为父续、母续、无二续。
【2】仪轨——密宗每修一法都有一定的程序或格式，叫仪轨。
【3】曼扎——佛教所用供品之一。
【4】净土——佛菩萨的化土。
【5】轮回——佛书所说六道众生依存的世界及有漏五蕴。

于那自心大乐的曼扎，庄严顿断妄想的妙花，
用它供养上师的意密，请师加持弟子我意业。
于那珍宝大地基[1]的曼扎上，
庄严须弥四洲[2]的妙花，
供养上师身语意三密[3]，请加持我身语意三业[4]。
在那无边刹土[5]大地上，
五大[6]生的供品有多样：
诸如花儿、神灯和香水，还有乐器、神馐和熏香，
我将这一切善妙成就，尽其所有向上师供养，
祈请加持我能除灾殃，时来运转事事皆通畅。
我心变化伞、幢、乐、盖、帐，与那无际虚空相等同，
我愿以此作为师供养，请加持我悟境得增长。
我复依止益喜宁保师，聆听《集密大本续》篇章，
领悟智慧大悲成双运[7]，此乃开悟法要之钥匙，
亦是密乘本续[8]大海洋，从它产生法施和财施，
培植心之树苗得茁壮，可使无垢言词花叶放，
你是五智之主非寻常，利生事业成就无限量，

【1】珍宝大地基——佛家说世间最初形成时，先有诸种珍宝所形成之地基在其下，次有须弥山王在其中，四方有四大部洲在其周围。

【2】须弥四洲——佛书所说位于须弥山四方大海中的大陆：东胜身洲、南赡部洲、西牛货洲和北俱卢洲。

【3】身语意三密——即佛自证之境，因无凡夫之份，故称密。

【4】身语意三业——即凡夫之行为、言语及思维等三种造作。

【5】刹土——诸佛菩萨的清净世界如极乐世界等。

【6】五大——五大种。谓地、水、风、火、空五种元素。

【7】智慧大悲成双运——智悲双运，方便智慧双运，福慧合修。方便谓菩提心，智慧谓证悟无我的空性慧，二者互不离异，称为智悲双运。

【8】本续——佛教密乘及有关密乘等经典书籍。

在那五次第[1]的殊胜道，通行颇顺安然又无恙，
举凡光明、幻身[2]和梦境，无上教授在你心上藏。
鸿恩浩德益喜宁保师，今至未获无上菩提[3]前，
请作头顶大乐轮[4]庄严，不要离开我心的中间，
我无厌无畏皈依[5]诚虔，你无偏无倚垂爱悯怜，
请以你的大悲光明钩，尽扫除我无明之黑暗，
还请把我身语意三业，紧紧钩住不致使散乱。”

玛尔巴作了如上请求之后，为了酬谢上师教他学完密宗本续之恩，便用身语意三业供养，深得上师欢心。之后，玛尔巴离开益喜宁保师父，仍旧回到布拉哈日来。行至半路，在一座庙中，又碰见虐译师。虐问："玛尔巴你自去年至今又学了些什么法？"玛答："我学了父续的集密法。"虐译师说："那么，辩论一番怎样？"结果玛尔巴辩胜了。

虐译师便又嘲讽道："父续的集密金刚法早以弘传西藏，不足为奇，现在应求的是母续[6]的摩诃麻耶法[7]。此法中有静的脉，动的风，庄严的菩提心等教授。"接着说了好多关于摩诃麻耶中的法语，玛尔巴均无言可答。于是又来拜谒上师那若巴。那若巴问道："你是否已得了能

【1】五次第——集密中修法的五种步骤。
【2】光明、幻身——均为五次第之作法。
【3】无上菩提——即成佛。
【4】大乐轮——指头顶。
【5】皈依——身心归向所指望处。
【6】母续——以阐述智慧空分为主的佛教密乘经典。
【7】摩诃麻耶法——梵语，译为大幻法。

生起正信的集密金刚大法？”玛尔巴回答说：“已得能生正信的集密金刚大法。只是在回来的途中又遇到那位旅伴虐译师。二人辩论集密法，为弟子我所胜。后来又辩及母续的摩诃麻耶法，弟子因为未曾听闻此法，便无言可答。因此，祈请师父慈悲，传给我此法！”那若巴说：“本来我是可以传给你父续的集密金刚法的，只因当时时机尚未成熟，故未传你，才命你去益喜宁保那里去学；待以后时机成熟时，我再传给你。现在你又请求摩诃麻耶一法，本来我也可以传授，不过，你可以先到毒海洲去，那里住着一位叫拜希瓦桑布（译言寂贤）的大师，他是母续摩诃麻耶的主宰者，我打算送弟子你到他那里去学。”

说罢便设了一个会供。那若巴打坐会供席中，面向尸陀林[1]，作降魔手印[2]。瞬间，从各尸陀林部来了三位守护尸陀林的瑜伽士[3]。那若巴便对他们说：“我的弟子玛尔巴要到毒海洲去，你们三位要护佑他免除一切障碍。”三位守护尸陀林的瑜伽士中的一个说：“我救护他出离毒蛇的灾难。”一个说：“我救护他出离猛兽的灾难。”一个说：“我救护他出离非人[4]的灾难。”三个瑜伽士说罢即刻消逝无影。

接着那若巴吩咐玛尔巴道：“你由此地到毒海洲去，要走半月路程，到达后要涉水而过。这里要提醒你注意的是：那毒海之水，首先淹过脚背，其次逐渐淹及膝部，最后以至淹没大腿。水深实难行走之时，只有泅渡过去。如果遇到独树之处，便从旁边绕行。如果遇着偶树之处，便从二

【1】尸陀林——梵音译作尸摩赊那，意为弃尸处。常指曾经抛弃四具死尸以上的地方。
【2】手印——期克印。
【3】瑜伽士——修行的宗教徒，修观行者。
【4】非人——鬼怪类。

树中间穿行。若见灰土淤积而成之陆块地方，方可夜宿歇息。拜希瓦桑布大师就是古古热巴，他周身长毛，嘴巴像猴，形容丑陋，并且常常变化各种怪相。但是你决不可因此心生疑虑，而应直率求他，就说你是那若巴派来的，请传授给你摩诃麻耶法。”那若巴嘱咐完毕，又作了预言，并赏赐了一些礼物，便令玛尔巴启程。玛尔巴拜别师父，带上半月的干粮，朝着印度南部之剧毒海的朵日山方向赶路。尽管旅途艰辛万状，他仍遵从师嘱继续前往。一路上，除了见到两只鸟儿掠头飞过之外，其他动物未曾遇着。

到了剧毒海的朵日山，土地神与非人大显神变，一时间，乌云密布，电闪雷鸣，狂飙大落，雪雨交加，黑暗笼罩，白昼如夜，玛尔巴遭受突如其来之厄难，生命攸关。猛然间想起了在那若巴尊前，三位瑜伽士曾作过承诺，于是就呼唤班钦那若巴的名号，祈请救护。这一招果然灵验——天晴了。玛尔巴寻思：古古热巴师父究竟在哪里呢？

于是他便到处寻找。行至一处，终于看见在一棵树下，有一位满脸满身长毛之人，将头夹埋腋下面坐。此人是否古古热巴难以判定，便上前问道：“请问您见到古古热巴没有？”那人瞪大眼睛，忿怒地说：“你这塌鼻子的西藏汉子，路途如此艰险，都阻挡不了你。我倒要问问，你从何处来？要到何处去？找古古热巴又有何事？我呢，常居住此地，但这古古热巴嘛，我却眼不曾见，耳不曾闻。”说罢，仍然将头夹埋在腋下。

当玛尔巴到别处寻找而未见之时，忆起了师父那若巴的话，恍然大悟，心想刚才那位肯定就是古古热巴。于是，再次前往那人近旁，叩拜禀告：“弟子我本来是那若巴上师所派，为求摩诃麻耶大法而来，恳望大师慈悲传授。”说着将礼物献上。那人把头从腋下抬起说到：“你且讲说什么？可笑！该那若巴，一无学识，二无修证，摩诃麻耶法他自己是知道的，完全可以传你，但却不让我安闲！”他好像是在贬低那若巴，但随后又笑着对玛尔巴说：“哎呀！我适才所讲，全是开玩笑的话，不必介意。说实在的，那若巴确是一位教证不可思议的班智达，我是极崇拜他的。我俩都曾互传法要。摩诃麻耶他自己本来很懂，不过我已受命，又由净相[1]引发，此法该我宏传，所以派你向我来求。我可以完全传授于你。以后你回到那若巴尊前再学一遍，看看有何不同之处。”紧接着又问：“你来此途中，曾否遇到两个人？”玛尔巴答：“未曾遇到。”再问：“那么可曾遇到两只鸟？”答：“曾遇到。”古古热巴大师说：“哦！你看见鸟了！”说罢便为玛尔巴灌顶。即就古钦、古琼、坚巴[2]三种，为之解说三种瑜伽之法：第一种，名下劣形瑜伽[3]。依此法，则可引发广中略三道为道。第二种，名深密咒瑜伽[4]。依此法，用三明[5]随修瑜伽道。第三种，名究竟法瑜伽[6]。依此法，则广为开示五种扼要、二十四种根本圆满次第等的含义。

玛尔巴非常顺利地获得了大法。学法圆满，以报师恩，举办了酬谢宴会。在宴席间，玛尔巴高兴地祈请师父及诸法友开许，唱了如下这首道歌：

【1】净相——清净现分。现见一切情器世间均是净土，均是佛身佛智之所示现。
【2】古钦、古琼、坚巴——法要名。
【3】下劣形瑜伽——三种瑜伽法之一。
【4】深密咒瑜伽——三种瑜伽法之一。
【5】三明——无学道者所具有的三种神通：宿命明或前际明、天眼明或后际明和漏尽明等三。
【6】究竟法瑜伽——三种瑜伽法之一。

“主啊！拜希瓦桑布，
您是诸佛心传弟子，
您是有情的金刚持[1]，
您是威灵本续藏主，
我恭敬顶礼您的足。

见您尊身，我慢[2]山倒；
闻您妙语，凡情顿抛；
思您密意，内外暗消。
现时的我，已具机缘，
从藏来印，路遥途艰，
求班智达，把正法传，
获得亲承，心足意满。

主呵！拜希瓦桑布，
您是具悉地[3]的士夫，
我恭敬顶礼您的足，
免除人与非人灾厄，
得到密宗父续母续。

您是无上教授导师，

【1】金刚持——诸佛共主。梵音译作伐折罗陀罗。佛书说为释迦牟尼讲演密乘所现身相。
【2】我慢——自视甚高，对人不敬。佛书说为六种根本烦恼之一，是生起痛苦的根源。
【3】悉地——梵音。成就意，即宗教徒所说修习诀窍所得的如意妙果。

我将您名牢记心里。
我是贤师门下徒弟，
毫无障碍来至尼地（南方尼泊尔），
我是具缘[1]出家之人，
听闻佛法很是容易，
本续之王胜乐大法，
此是修行捷径之门。

听得上师吉祥预言，
觉获人身并不枉然，
我生西藏洛扎小县，
宿因却牵印度这边，
与众得道贤哲相见，
获得灌顶、要门、经典，
加持身、语、意等三业，
使我深感心足意满。

复在空行自在母前，
把三瑜伽意义诵念。
依止滚都桑波（译言普贤）上师，
谒见大幻母的尊面，
修习贪欲道三摩地[2]，

【1】具缘——具有善根者。前世所修善业今世已经成熟而发挥效力者。
【2】三摩地——梵音。即于所观察事或于所缘，一心安住稳定不移的心所有法。

燃起三胜慧[1]的炬火，
尽除三愚痴[2]的黑暗，
烧毁三障碍[3]的薪木，
空去三恶趣[4]的陵园。

师尊呵！您恩重，重如山！
快乐呀！我却吉洛追乐无边！
喜欢啊！在座法友们大家喜欢！”

他用藏语唱了这首道歌。由于与会者之中既没有西藏的朋友，又没有能听懂藏语之人，所以达罗热喜等法友便说道：“这藏族人该不是疯了吧？”玛尔巴回答说：“我的种族和宿缘都很殊胜，只是因为这一世的习气深重，便自然地用藏语唱了。”说着就将上面的歌改用印语唱了一遍，大家听后，颇觉稀有。

学法完毕，玛尔巴考虑必须尽快回到那若巴近旁，因为早些时候玛尔巴就曾闻麦哲巴的尊名，并且油然生起不变的信念。于是心中常想一定要寻访到此师求得大法。特别是古古热巴大师要为他饯行而举办集轮会供的头天晚上，心中又一再明显忆起此事，对麦哲巴生起极大的信仰。便用意观想曼札及七支行[5]，供养麦哲巴，并向他祈请。

【1】三胜慧——闻所成慧、思所成慧、修所成慧。
【2】三愚痴——三无明，三痴。指迷惑、犹豫和邪见三者。
【3】三障碍——佛书对此有不同说法：贪障、碍障、下劣障。亦作烦恼障、所知障、业障。
【4】三恶趣——亦称三途，即地狱、饿鬼和旁生。
【5】七支行——在佛和上师面前祷告的七项例行内容：顶礼、供养、忏悔、随喜、请转法轮、请住世、回向等。

晚上，做了一个梦，梦见一个自称是麦哲巴使者的美貌女人，手持一口空瓶来到身旁，将空瓶和手放在玛尔巴头上。梦醒，玛尔巴生起无限欢喜。之后，尊者玛尔巴准备起程，拜希瓦桑布为给他饯行举办了一个集轮会供，把已经传授过的诸法经典都赠送玛尔巴，并将手放在玛尔巴的头上说："到我这住地来，路途艰辛，不是易事，而你居然来了，获得了很大利益。那若巴知道你是有机缘之人，才派你到我这里来。以后还要派你到麦哲巴那儿去。那若巴本人对你也是很慈悲的，不但收你为徒，向你传授了随顺心愿的法要，而且敕封你为教化雪域西藏的补处菩萨【1】。同样，我也预知你要来这里，所以才命我的护法神变化人形来欢迎你，你虽没看见人，却看见鸟了。现在我赐你教诫、经典，授你吉祥，你领受后要发欢喜心。"古古热巴说毕，他自己也非常高兴。

玛尔巴知道今天古古热巴大师所说的话，与自己所做的梦，以及师父那若巴的预言，都十分相合，于是对上师古古热巴生起永不退转的信心，自己也无限欢喜。之后，作为告别礼，玛尔巴又作了如下道歌，供养师父，并献诸法友。歌中唱道：

"在座尊者与同窗，
侧耳听我把话讲：
我本聪明世无双，
业果成熟到尼邦（尼泊尔国地方），
依从能赐悉地的

【1】补处菩萨——前佛而佛的菩萨，亦即为佛之代理者。

尼泊尔籍基（基特巴）、本（本达巴）俩，
印度益喜宁保和
希瓦桑布等师长，
他们为我把四座、
集密、胜乐等法讲，
且又为我开启那，
本续、要门的库藏。
现在我又从此师，
求得诸法如愿偿，
与此同时还获得，
未来预言及吉祥。

昨夜打坐向西方，
我把曼札用意想，
祈请麦哲巴后睡，
蒙蒙胧胧入梦乡。
梦见救主麦哲巴，
派遣使者来我旁，
使者身段女人样，
面容姣美又丰光，
她的手中持宝瓶，
宝瓶触放我头上，
好似慈悲作摄受，
又像愿（愿力）宿（宿因）结合状。

因此我发强烈愿，
愿在师父他面前，
对于在座诸大贤，
生起无量的信念，
皈依所处不离散，
加持尽除恶道完；
今生后世永相伴，
金刚兄弟听我言：
抛弃世间诸欺骗，
无上教授勤修炼，
守戒表里要一般，
心中常把上师念，
取受堪用十善法[1]，
舍弃毒般十不善[2]，
对于自己所应修，
当应常修不间断。”

玛尔巴唱完道歌，希瓦桑布将手放在玛尔巴头上，以加持他免除途中一切灾难。

玛尔巴既然已学会了大幻的摩诃麻耶法，便返回来，只走了三天就到了布拉哈日。他当即前去拜见师父那若巴，其时，法主那若巴正在给

【1】十善法——不杀生、不偷盗、不邪淫、不妄语、不两舌、不恶口、不绮语、不贪、不嗔、不邪见。

【2】十不善——杀、盗、淫、妄语、离间语、恶语、绮语、贪欲、嗔和邪见。

沙弥喜饶僧格单独传法，便以手示意玛尔巴不要进来，玛尔巴只好呆在外面，不断地向师父顶礼，直至传法完毕。法刚传完，玛尔巴随即来到师父面前叩求加持。

师父问："你获得法了吗？"答："获得了。"又问："古古热巴他大概诽谤我了吧！"答："是的，但他只不过是说说开个玩笑而已。"再问："他是怎样说的呢？"玛尔巴便将古古热巴所讲的戏言向师父一一作了禀告。那若巴听后便说："他自己恰是那种模样！无德又无能，方到毒海洲那无人之处居住。只因他生就一副人身猴脸，所以连手印母[1]都找不到，无可奈何才以母狗代做手印母。这种人除了他古古热巴以外，还可能有谁？"说着，大笑了起来。接着他又说："这无疑是他的伟大之处，此事除他而外，别的人都办不到。他曾从我听闻过喜金刚法，而他自己则是修摩诃麻耶的成就者，所以我也向他求了摩诃麻耶的法。"于是，那若巴又给玛尔巴传了一次摩诃麻耶的法。玛尔巴心想，此法在意义上，二师并无差别，只是那若巴所作的解释较为详尽鲜明一些。所以他问道："既然师父对于此法如此精通，为何还让我去到毒海洲受那份辛苦呢？"师父解释说："因为古古热巴他是母续的主宰者，为了使你对于教授生起信念，有一个正确可靠的源流，所以才派你去的。"玛尔巴听后才弄清了派他去毒海洲的来龙去脉。

事后玛尔巴又想到东方藩伽罗去，那儿有一个天然生成的喀萨巴尼佛像的寺庙，玛尔巴想去朝拜，并且顺便找虐译师谈论一下摩诃麻耶的法。适闻虐译师正在那兰陀寺从帕里达巴论师学法，玛尔巴便直奔该处去了。一天，玛尔巴在街上买了些可口的汤饭，与虐译师共饮同食，期

【1】手印母——手印女。藏传佛教活佛之妻；瑜伽咒师所依止的明妃。

间又辩论起摩诃麻耶的法来，最后玛尔巴获胜。

虐译师问："传你此母续法的导师是谁？"玛尔巴隐去上师姓名答道："我的导师具足三瑜伽，相貌不美密法却精通，是得究竟法的瑜伽师，又是指示解脱道师父，现在住锡迦毗罗卫城。"虐译师听后直奔迦毗罗卫城，寻访指示解脱道的师父到底住在哪里。人们回答说："举凡一切师父都是指示解脱道的，你要找的是谁？"虐译师想此话是真，看样子玛尔巴是隐瞒了师父真情。虐译师知如此，但仍多方打探，据传起初没有问出个根底，后来虽问出师父住在毒海洲，但又不敢前往，因而他也未能见到古古热巴。

玛尔巴仍然回到师父那若巴跟前，向那若巴禀告说："我遇到了虐译师，与他辩论母续，结果我获胜。他便问我传母续的师父是谁，我没有告诉。"那若巴说："师父是谁倒用不着保密。他的金子再多又有什么意义，需要的是福气【1】和修积。"玛尔巴请求师父准他到麦哲巴处去，那若巴高兴地答应了。玛尔巴又向那若巴师父奉献了令师欢喜的供养，并赠勇士男、空行母及金刚兄妹法友以会供朵玛【2】。他祈祷免除一切障碍，结果获得了若干很稀奇的吉兆。

玛尔巴动身上路，边走边问麦哲巴住在何处。有人告诉说住在如火燃烧的一座山上的寺庙里，但通向那儿的路实在艰险难行，还是不去的好。玛尔巴想：我不是为今生求财而来，而是为求法而来，纵死无怨，决意要去。于是毫不犹豫地继续前行。只走了少半天，就到了麦哲巴的住处。适逢麦哲巴正坐在尼拘屡陀【3】树下乘凉。玛尔巴见到上师，好像

【1】福气——又称福泽、善报。宿命论所说命中注定应得的享用。
【2】会供朵玛——用作会供的食子。
【3】尼拘屡陀——树名，译言纵广树，即榕树。据慧琳音义十五曰："此树端直无节，圆满可爱，去地三丈余，方有枝叶，其子微细如柳花子。唐国无此树，言是柳树者讹也。"

常啼菩萨[1]见到法上菩萨[2]一样高兴至极，向师父叩了七个长头，供上黄金，并献上赞颂上师身语意三密功德的道歌一首。歌中唱道：

"您为超度芸芸众生，
投生赡洲王族之中，
内外诸种修法皆通，
我向麦哲巴您礼敬。

至尊度母作了授记，
加持尽把灾厄除去，
我礼静修王您的足，
我赞美您阿哇都帝[3]。

您身珍宝金山一样，
智慧愿力清净非常，
烦恼病患一扫而光，
我赞美您——佛法太阳。

您心已用金刚空性，
摧毁我见[4]大山无影，

【1】常啼菩萨——古印度法胜论师弟子之一。
【2】法上菩萨——即古印度法胜论师。
【3】阿哇都帝——麦哲巴的别号。
【4】我见——指五蕴假和合之心身，视为常一之义，谓之我见。

见到诸法平等真性，
我把无比师尊您颂。

瞻洲化身一切之主，
金刚萨埵[1]体性坚固，
具悲藏的众生怙主[2]，
我赞美您作顶饰殊。

人与非人一切妖魔，
毫不例外都甚骄恶，
莫不降伏无一逃脱，
我赞美您持金刚者。

具大悲的善逝[3]喇嘛，
舍弃王位修习正法，
在那若巴诸师门下，
求诸教授获益极佳，
又把多数续部[4]学完，
去到南方剧毒海边。
依止希瓦桑布近前，

【1】金刚萨埵——又称金刚勇识。梵音译作缚日罗萨怛缚。密乘百部本尊之共主。右手当胸执刚杵，左手持铃置左股上，两足结跏趺坐，身色洁白，皎如皓月。
【2】众生怙主——即佛。
【3】善逝——梵音译作修伽陀。依安乐大道菩萨乘，趋证安乐上果佛位者。
【4】续部——怛特罗部。解说大乘教中金刚乘或密乘灌顶、道次建立、修法和法术等的佛说经典。

得诸教授受益不浅。
请尊者以大悲摄受，
我不惜命来把您投。

今于燃火山寺里面，
尼拘屡陀树荫下边，
有幸与您得以相见，
麦哲巴您佛子[1]一般，
顿生如日升腾信念，
纵以身殉也不退转。

我的心口一致诚虔，
祈请您赐摄受无间。
今得大婆罗门风范，
来到化身静修王前，
为了求得无上法门，
那达顶首深奥义理，
祈请您把远离二边[2]，
虚空般的大手印[3]传。”

【1】佛子——菩萨的异名。
【2】远离二边——即无边。二边者断常二边或生死涅槃二边。
【3】大手印——亦称大印。旧密所说究竟果位或殊胜成就，极无变异之乐，与第一刹那所得印证此乐之一切种色，无亏无盈，体性如初，乃至虚空未尽，常住常静，斯之为印；断、证、心德三大具备，斯之为大，故名大印。

玛尔巴这样请求之后，上师点头答应，便为他传授全部大灌顶，并赐给他“突吉多杰”[1]的密名[2]。当时玛尔巴向上师供奉了使之满意的供养，并为空行护法等作了使之欢喜的会供，所以便得了许多奇异的祥兆。麦哲巴于是给玛尔巴传授大手印的法门连同亲授，又传了本续的赞歌连同解释，还传了歌谣讲解等等，总而言之，凡是可以即解疑团的，都一齐传给他了。玛尔巴依据上师所传之法进行实修，即刻生起殊胜证悟，心中无限欢喜。为酬报上师大恩，玛尔巴举办了法会，席间，向上师奉献供养，并将自己实修所悟作成一首道歌呈师指正。歌中唱道：

“头顶大乐无量宫[3]，
无垢莲花日月座，
大悲救主坐上边，
请您加持我心田。

您与三世一切佛，
以及本尊[4]和天众[5]，
毫无分别一般同，
都帝巴您更堪敬。
请坐我心莲台中，

【1】突吉多杰——麦哲巴赐给玛尔巴的密名，意为“意金刚”。
【2】密名——受密宗灌顶时所赐之名字。
【3】无量宫——安堵宫。材料、规模以及功德无可比量的本尊宫殿式坛场。
【4】本尊——密乘的不共依怙主尊佛及菩萨。
【5】天众——圣众海会，佛会，诸天会众。

加持我将语谛成。

在那印度净土中，
有那若巴大德等，
他们践履之足尘，
我悉恭敬奉头顶（喻学习）。
虽把本续闻多遍，
但我从来不自满。

今日我来尊者前，
请把正法为我传，
特别祈请师悯怜，
把大手印为我传，
断除已知法疑团，
于未知法勤习研。
又得萨日哈密传，
同得感应与证悟。
我将心中诸证悟，
作首道歌献我主。

了悟内外诸教派，
全集大手印之中。
一切无边不实境，
双运平等幻化成。

此种无断法尔[1]性，
是自觉性不昧灵。
双运觉性本自然，
便是本智天成见。

四威仪[2]中入定[3]出定[4]，
三世不离如水流行。
瑜伽现识[5]无有遮蔽，
也无散乱是为修行。

三世身语意业诸法，
错综不定而又常恒，
不变无为体性平等，
如同变化是为其行。

于刹那间所悟体性，
顿然了悟无减无增。
自我解脱[6]本分安乐，

【1】法尔——即法性，亦即空性。
【2】四威仪——又称身四威仪路。指身体的四种起居动作：行、坐、卧、住。
【3】入定——人于禅定也。使定心于一处，止息身口意之三业曰入定。
【4】出定——出禅定也。
【5】瑜伽现识——四种现识之一。
【6】自我解脱——密乘大圆满四大解脱法之一。自然本智从来未受任何对治之所造作，凡所显现，皆如蛇结自解，不待其他能解脱者，故称自我解脱。

断离希、疑[1]是所证果。

种种教言应闻尽闻，
始悟因位心性法身，
始能断疑生起笃信，
始能断除迷乱之本。

对于世俗无所欲想，
对于佛尊无所希望，
全赖依止救主近旁，
领受大法修果辉煌。

又赖历代上师感应，
今始奉献了悟验证。
祝愿在座师尊、弟兄，
身心快乐珍重珍重。”

麦哲巴听了上述道歌，又给玛尔巴讲说十二要法，并作如下金刚道歌。歌中唱道：

“弟子弟子你且细听，
为师唱歌牢记心中。

【1】希、疑——希望和疑虑。

如果你的信根不固，
不二之根也会不固。

你若不生无私悲悯，
便不会得二种色身[1]。
你若不习三种胜慧，
相续心上证悟难获。

你若不依尊胜上师，
便不能得二种悉地[2]。
你若没决心的根本，
绝不能将意识离分。

你若未证所现色相，
不应沉静而为大乐。
你若生起贪耽之心，
应修极喜大象之行。

有时烦恼于心生起，
应常观心专注修习。
若因外缘妨害此心，

【1】二种色身——由于有缘福德资粮究竟圆满，面对一切净及不净所化众生应现利他有贪报身及无贪化身的两类身形。

【2】二种悉地——即二种成就：殊胜成就和共通成就。

当常修持四灌顶法。

若堕烦恼自续之中，
应把上师教诲忆诵。
若是不能专心祈祷，
怎能感应圣贤心意。

若不交修生圆次第，
怎悟生死无别之理。
若得十二要法此歌，
外加正念共十三个，
瑜伽行者以之修习，
登十三地丝毫无疑。”

玛尔巴听了麦哲巴的教诲，心中十分欢慰，对麦哲巴生起毫不更移的信仰。随后辞别麦哲巴，仍返回布拉哈日。到了那若巴的膝前，那若巴说：“在南方毒海的尸陀林索萨岭，住着一位佩戴骨骼装饰的空行母哲泽顿登，你可去她那里，求其传给四座法。此外也可向你所敬信的那些‘古苏鲁’行[1]者请求传给你所喜欢的法要。”

玛尔巴遵从师命，来到索萨岭尸陀林，寻找那位瑜伽母。她住在一间茅草屋里，玛尔巴上前拜见，供上黄金曼札，并请求其传给法要。瑜伽母果然应允，高兴地将四座法的灌顶及教授等全部传给了玛尔巴。另

【1】古苏鲁行——即乞士行，舍弃一切如乞丐。

外，玛尔巴又到森格岭巴等地，参访了坐在尸陀林和树下的那些具德的“古苏鲁”瑜伽师，求得生起圆满二种次第的灌顶与教授。有时也乘机请求而获得很多即刻急需的零星教授，使他成为教授的大库藏。

之后，玛尔巴仍然回到那若巴近前，向师父顶礼问安。师父那若巴问玛尔巴：“你对那些灌顶教授是否生起了极大信心？”玛尔巴将经过情形一一作了禀告，师父听了非常高兴。玛尔巴又请求那若巴给他传授胜乐轮的灌顶与教授，并讲解本续的疏释。师父答应了玛尔巴的请求，为他广传灌顶，讲解本续，并说：“此法实修至关要紧。”又为他传授了称之为四大亲语教授的那若六法[1]，以及直指本心俱生妙智的大手印等，玛尔巴依师父所传进行实修，心中便生起许多无上密宗的殊胜证验，尤其是实修脐轮火[2]，便现证乐、明、无分别双运，于三业毫不动摇之中，经七昼夜，获得坚定，起现十种验相，使他心情欢乐地度过了昼夜。

于是，玛尔巴心里想到：我在尼泊尔与印度大约住了十二年，期间不仅仅是得了很多灌顶与教授，就是对于文字义理的学习和实修，也算是作出了问心无愧的努力，因此讲的与修的法达到了可以不求他人的境界。现在，由于金子将要用完，可以暂且回藏，再尽可能地多筹措些金子，以便重来印度，供养师父，使其喜欢，并且将从前已得诸法的疑惑之处，予以认真解除，把未得诸法，尽量访求。

总而言之，他心中立下这样一个宏愿：无论如何，要在西藏弘扬佛法，

【1】那若六法——古印度佛学家那若达巴所传修道六法。一说为脐火瑜伽、光明、幻身、中有、往生和夺舍；一说为脐火、光明、幻身、双运、往生和夺舍。

【2】脐轮火——猛厉火。或名绝地火。梵音译作旃陀离。密乘圆满次第根本法之一。集中坚守脉、风、明点，以使脐中针影（形如倒竖梵文字母阿）燃起乐暖。功能猛厉，焚烧一切不净蕴界，灭尽一切烦恼寻思，迅速生起俱生妙智。

尤其要弘扬实修的密宗[1]。于是，他将剩余的全部金子，除了留足回藏的路费，其余部分全都置办成物品，召请婆罗门殊迦母底与瑜伽母殊迦朵日等，举办了一个会供，以酬谢班钦那若巴之恩，并对其表示祝贺。

席间，玛尔巴心想：我从西藏来到印度，访见并受教于许多学问精湛、成就非凡的大师，听闻学得不少的本续并疏释，至于印度语言及翻译，也已经通晓到博学者的程度，即于心上也能生起毫无谬误的证验，但愿自今向后没有障碍灾厄，使我回到西藏。此时此刻真是再快乐不过了！于是唱了八大道歌，其中的一首，是仿照琵琶长调体系韵律，将所证悟作成道歌，贡献于具德那若巴尊前。歌中唱道：

“具德法主上师宝，
往昔修积造化好，
因此您才有福运，
把底洛巴亲见到。

对于难舍世间的，
诸般苦恼您轻瞧，
十二大行锐意修，
苦恼一概脑后抛。

以此苦行誓愿力，

【1】实修的密宗——即道统。师徒授受修行诀窍的传承系统。

求得刹那见真谛，
室利曼那僧地呵，
我恭敬地礼您足。

西藏译师小衲我，
前世积造缘不薄，
今生幸见您那若，
把喜金刚教我学，
又赐摩诃麻耶法，
还有心要的胜乐，
更把那四本续[1]的，
秘蕴心义作择抉。

格瓦桑摩赐开许，
摄受如水流不息，
亲示四灌顶妙义，
生起无漏三摩地，
命勤迁转[2]的日月[3]，
投入不动虚空里。

举凡自然俱生力，

【1】四本续——四部，四续部。佛教密宗的事部、行部、瑜伽部和无上瑜伽部。
【2】命勤迁转——主等生命的一种风息修法。
【3】日月——此处的日和月喻左右二脉。

乐、明、无别心生起，
习气睡眠的迷乱，
了悟光明道本体。

意之所动之二取[1]，
溶入无相法身里。
幻术所变内外境，
了悟无生大手印。

在内作能执意识[2]，
如同旧友重相逢，
自己认识自体性，
如同哑巴作睡梦，
唯现无言的道力，
如同少年享安乐，
证得难表的悟境。

恩重如山那若巴！
以后再劳您尊驾，
请授灌顶赐加持，
以其大恩救度我！”

【1】二取——精神和物质，意识和外境。旧译二取、能取所取。
【2】意识——依各自不共增上缘意根而生、自力能了别自境法处体性之识，如认取瓶之意识。

道歌唱完，那若巴将手放在玛尔巴头上，也以道歌形式回答，作为教言：

“西藏译师玛尔巴你，
别求今生世间八法[1]，
别分别能所你我界，
别毁谤亲属为仇敌。

闻思二学[2]是除暗灯，
别堵殊胜解脱路径。
对于从前有德大师，
尔后仍应敬奉如始。

自心本是无价珍宝，
别以我慢之水灌浇，
应当防护谨慎不乱，
则诸愿望应运实现。”

此外，还说了许多慈爱的话，玛尔巴听了很是高兴，于是立誓今后仍然回到师父跟前，便辞别那若巴启程回西藏来了。

【1】世间八法——八风，八世风。指对自己稍有损益即生喜怒的世间八事：利、衰、誉、毁、称、讥、苦、乐。

【2】闻思二学——耳中听人讲解为闻，心中思考其义为思。

三、获得灌顶及教授等妙法后返回西藏的情形

玛尔巴的衣食用品将尽，与此同时，虐译师的费用也已耗完，于是彼此约定时间结伴回藏。虐心里暗想：我二人中，论起金子固然我多，论起学法却是他精，因而生起嫉妒的恶念。那时，与虐译师一起的有两位班智达，一位游学僧，及几位旅伴。虐译师的书籍等物品全都托他们带着，而玛尔巴则将书籍打成包袱，自己背着行路。

虐译师说："我们堂堂的大译师，亲自背着包袱，成何体统？还是交与游学僧带上吧！"玛尔巴照其所说，将包袱交给了游学僧。虐译师暗中贿赂那游学僧，教唆道："你将玛尔巴的书籍经卷故作失落扔到河中！"那游学僧从其奸计，当船行至恒河[1]的中央时，便故意将玛尔巴的书籍经卷扔到水里。

玛尔巴料到这是虐译师所为，他想起筹措金子的艰难，到印度访师求法的苦处，求到的法门与教授又是别处稀有，那样珍贵，而现在却化为乌有，心中十分痛苦，几次想投河自尽，此刻，忽然记起上师的教诲，心中的痛苦稍为减轻。玛尔巴本无报复之意，只想把事情弄个明白，便问虐译师："这都是你做的好事！"虐译师矢口否认说："我不曾做。"玛尔巴无可奈何。

但当船一靠岸，玛尔巴即将游学僧捉拿到当地国王处讲理，游学僧只好将虐译师教唆的全部底细供出。于是玛尔巴便将心中所想到的作成如下道歌，用以羞辱虐译师。歌中唱道：

【1】恒河——亚洲大河名，其上游为我国西藏象泉河，流经印度及孟加拉国入海。

“听呀！业力所合友，
相邀结伴同行人，
大家同是入法门，
应当互学求奋进。
何况称为班智达，
译师、大德等名人，
共乘一船难离分，
同心同德同命运，
纵不能利情可原，
但加以害理难容。

尤其对于佛法和
我及一切诸有情，
如此伤害太蛮横，
天理人情怎能容？

烦恼五毒恶意行，
将我书籍抛水中，
岂知害人即害己，
致你受损也不轻，
同时将你成就名、
佛法、黄金抛水中。

不是我视己非凡，
而是法门别处罕，

今日尚未利益他，
是故心中不安然。

但是我已勤求学，
使得法与自心合。
文字不忘心明记，
我还可再印度去，
向那若巴等大德，
把诸佛法重学习。

谁知你竟是这般，
上师、译师责不担，
如今含羞返家园，
落得狼狈不堪言。

你应深刻悔罪过，
莫要错上再加错。
自恃大师只能把
愚蠢之人欺骗过，
但却怎使有缘者，
获得成熟与解脱？
人身如宝得不易，
劝你别修三恶趣。”

玛尔巴唱完道歌，虐译师便说：“不用担心，我有书的原本，可以借给你抄。”玛尔巴心想，你会不会借给我原本，还很难料，即便借给，由于你我上师不同，教授不一，抄写了也没有什么用处。倒是我心中所记得的那些要比你的书好得多。不过我还是速去印度才好。玛尔巴虽然心里是这样想的，但是嘴里却说：“那就请把你书的原本借给我吧！”

之后，到了尼泊尔。玛尔巴心想，与虐译师同行，必然多造罪孽，于是便推故暂住此地不走。临分手时，虐译师便嘱咐玛尔巴道：“那么，经书弃落水中之事，请你不要向任何人张扬，回藏之后，请到我处抄书。”玛尔巴答应了虐译师的请求。于是虐译师从尼泊尔率先出发前行，到了尼藏交界处，曾给家里寄信，求派人迎接，家里接到信后果然派了人来，虐译师便同迎接的人一起到喀日去了。

而玛尔巴却去拜见基特巴大师，以哈杜噶波为首的诸位同学，对玛尔巴殷勤款待，并且说：“这回虐译师嫉妒您，将书抛入水中的时候，而您不但不发怒，而且反用歌劝他，我们听后，都赞叹十分稀奇。您的修养功夫已经达到如此境地，这是生起妙善无邪的见地的标志，请您为我们作歌，开示最究竟的见解，不要援引经典，只讲您自己的实悟。”玛尔巴答应了他们的请求，便唱道：

“救度众生的大德师尊，
哈杜噶波为首的同学，
显密经教学而有成者，
请暂听我唱支西藏歌！

达到究竟境界的见地，
十分殊胜而又最稀奇，

是极无所住的妙双运，
此是三世诸佛的心印。

凡许方便智慧相分离，
便是坠于边际的应破[1]。
此事虽对诸君难言明，
但是仍需尽力讲说清，
故将佛法作歌请谛听。

执着实有法[2]者是应破，
因降魔军圣说一切无。
义既如是执着则生障，
生死涅槃乃是诸法本，
尤其能使成为方便舍，
愚者遂许所及为断空，
破坏善根[3]终落为断边[4]。

贪爱虚空花朵的人们，
本是冰雹毁禾的邪见，

【1】应破——应破分。理智所分析排除的事物。
【2】实有法——事，性。具有功用，能生起各自取识和各自后续自果之一切色法、心法及不相应行法。
【3】善根——善法聚，善资粮。福德资粮和智慧资粮。
【4】断边——否定一切或说一切皆无的偏见极端。

故当善解虚空的性相[1]。
诸凡若不善解空义者，
必于无者反增益为有：
只因颠倒误阳焰[2]为水，
迷于真理故成轮回因。
自宗唯识[3]、外道[4]数论[5]等，

便许方便智慧相分离，
他们各自所许的宗义，
犹如枯树开花一样的，
如此离言之义无所住，
唯有般若[6]才能悟其意。
无住[7]生死涅槃寂静[8]边，
大悲具有空寂之实情，
方便智慧相互不分离，
这个便是自然俱生合，

【1】性相——实有三法全具备者，为诸法性相。如能托屋梁是柱之性相。
【2】阳焰——夏季日照沙滩，反光映成如流水的幻景。
【3】自宗唯识——唯识宗。是随顺圣者无著主张的一个宗派，他以理论破斥外境的实在，唯许心识实有。此分实相派和假相派。
【4】外道——不皈依三宝、不承许四法印的教派，佛教徒称之为外道。
【5】数论——古印度一教派名。
【6】般若——梵音般若波罗密多的略名。意为智度，即智慧到彼岸。
【7】无住——亦称“不住”。指事物不会凝住于自身不变的性质，人的认识也不应以固定的概念当作事物故有的本质。
【8】寂静——离烦恼曰寂，绝苦患云静，即涅槃之理也。

空乐无别[1]、了空也无别[2]，
这些我皆了悟又通达。
无缘慈悲本来自性空，
无分别的真如[3]离戏论，
诸法应该如此来领悟。

仅于见地所示之词语，
取耽著境[4]权作为已有，
世间道的这一种见地，
对因果业生起了胜解，
即是百劫也不会坏灭，
智慧至尊他是如此说。
任何没有悲愍心之人，
犹如芝麻颗粒被火焚，
既是这样果实怎能结？
没有原因怎会有差别？
于此并非有大乘之教，
这是智者纳喀卒那说。

【1】空乐无别——大乐方便与空性慧一味双运。
【2】了空也无别——即了空无别、明空无别。心与空性融合一味。
【3】真如——自性，本性。真者真实之义，如者如常之义，诸法之体性，离虚妄而真实，故云真，常住而不改，故云如。
【4】耽著境——内心耽著而了别者，即寻思心所，耽著其印相而坚固受持之对境，如由比量所得之境。

如果没有见到所缘境[1]，
传授正法其意则虚空，
就和无实糠秕一般样，
这是译师玛尔巴所讲。

诸位有智慧的大德们，
我论若谬祈请能谅忍。”

玛尔巴唱完了这支道歌，尼泊尔喇嘛及哈杜噶波等都很高兴。

之后，玛尔巴又由此出发，向西藏方向前行，到了尼泊尔与西藏交界之处，有一座叫作“甲学噶日”的城市，是个大税关，只好在此住了几天。最后一天的夜晚，玛尔巴做了一个梦，梦见空行母将他装入轿子里抬着就走，直到南方吉祥山，见到大婆罗门萨日哈，加持了玛尔巴身语意三业，传授了他精要佛法大手印的了义，于是身上生起无漏安乐，心中开悟不颠倒的正见，使他感到无限欢喜。醒来以后，梦中所见仍然清楚忆起没有忘失。

玛尔巴怀着欢喜的心情，到了芒隅[2]的郎布喀[3]，在该地又讲了两个月的法。其时藏吉浦[4]罗贾觉色已经圆寂，继承他住持寺庙的长子听到这个消息，便派人迎请玛尔巴来吉隆，玛尔巴答应日后一定前往。到了约定的日期，迎接的人便到班柯的拉错森错，把他接至吉浦，殷勤

【1】所缘境——心识所向之对境。如寻思声是无常之所缘境为声，大悲心之所缘境为众生。
【2】芒隅——西藏自治区的阿里普兰至后藏昂仁、吉隆等县一带与尼泊尔接近的地区古名。
【3】郎布喀——芒隅境内一地名。
【4】藏吉浦——地名。

供养款待，建立了一个一月的讲经大法会。

在那月的上玄初十日，又作了勇士庆会的会供曼陀罗。在会席间，觉色对玛尔巴说："从前我父子曾热情接待过师父您，今天我又再次接待您，我有一个要求，请您在这会席间，唱一支以前所未宣讲过的词与意义谐和的歌！"玛尔巴回答道："不久以前的春天，我从尼泊尔中部出发，行了一尖之路[1]，来到一个名叫'里学噶日'的边城，这是个税关，我在那里住了数日。有一夜我作了一个梦，梦见一个具有善种德相、婆罗门装束的女子，她说了声'请到南方吉祥山去吧！'便把我带到南方吉祥山，见到大婆罗门法王。这时从未作意便闻真实究竟义理。"于是便仿照大鹏展翅调的韵律，开示心地法门，唱了如下的朵哈金刚大道歌。歌中道：

"时值吉祥月上弦，
殊胜初十这一天，
勇士庆会宴席间，
弟子你等守誓言。

洛贯觉色你请我，
唱支昔未闻之歌。
我经长涉途中险，
身体疲惫不堪言，
歌又不美修辞欠，

【1】一尖之路——晨间出发至打尖时为止所行的路程。

纵歌难动人心弦，
但念朋友您情面，
赏脸作歌献尊前。

我唱未闻稀有事，
亦即婆罗门胜愿，
在座显密众大贤，
安祥谛听记心间。

不久以前三月天，
我返故土把路赶，
至尼泊尔腹地段，
一尖路处有座山，
谑扛牟山堆巴坚，
是个边城设税关，
税吏暴横又刁蛮，
欺我行人力弱单，
恣意不容我分辨，
强行扣留住数天。

有天夜晚梦正酣，
见婆罗门二女仙，
种姓高贵梵绳[1]拴，

【1】梵绳——藏传佛教密宗教徒修行母续密法时交叉佩带于肩头腋下的细绳。

娇含微笑秋波传，
移动轻步近我前，
令去南方吉祥山，
我答未曾到那山，
恐不识途成行难，
二位女仙开了言：

‘尊声大哥听心间，
您足不必受磨难，
我等将您扛于肩。’

言罢即刻就把我，
扶进彩轿将身安，
身随轿起飘飘然，
如同伞盖空中悬，
恰似电闪顷刻间，
来到南方吉祥山。

拉厦树荫下面的，
帝热若垫的上边，
见婆罗门萨日哈，
容光满面不平凡，
身佩骨饰更好看，
二妃侍立在两边，
他展欢颜启问我，

‘弟子你安到此间？’

我见救主心喜欢，
汗毛竖动泪湿衫，
绕行七周磕长头，
以头顶礼主足尖，
请求以慈悲摄受，
他全应允如我愿。

主尊以他的身密，
加持弟子我身业，
手抚我头做灌顶，
我身沉无漏乐中，
如同象醉狂奔行，
达到无动证悟境。

主尊以他的语密，
加持弟子我语业，
运用性空狮吼声，
讲说无字深妙义，
如同哑巴做睡梦，
达到无言证悟境。

主尊以他的意密，
加持弟子我意业，

始把俱生法身[1]的，
无往无复之理明，
如同尸挺尸林中，
达到无思证悟境。

随后主尊又为我，
广为宣说大乐净，
还把道歌之宝瓶，
大加开启不密封，
运用梵音对字声，
宣示法性如虚空，
表本性的金刚歌，
使我顿闻法无生。

顶礼空性悲无别，
真实常住本原心[2]，
从清净的真如性，
见到虚空接虚空。

身根住于家中故，
始为意识所禁锢，
当用修习之后知，

【1】法身——断证功德已达究竟的果位身。
【2】本原心——原始心。正常状态的心意。佛书译作基位心，指与微细持命风并存不离之心而言。

始能于心有所补。

需知万物均无性，
对治[1]、观修不可能，
心之实像难想象，
只好任运自然成。

若见此义得解脱，
弟子应观下劣行[2]。
看到食肉鬼疯狂，
好比胆小狮子样，
心似大象任游荡，
请看蜜蜂采花忙。
不把轮回作过患，
要得涅槃实在难。

了知劣行将自宗，
置于纯洁行列中。
你对诸事未了悟，
是故取舍才无住，
如其不然请看那，
离戏虚空的中部。

【1】对治——压服、医治、制止、灭除对立面事物的方法。
【2】下劣行——粗暴行为，下流的行为。

诸法彻底精要义，
正见顶峰大手印，

切中心要的语义，
自婆罗门口中闻。
刹那之间睡眠醒，
不能忘怀忆念清。

无明[1]睡眠暗窟中，
开启智慧意识窗，
无云天空日出样，
迷乱黑暗一扫光。

三世佛面虽曾见，
日后求问恐无缘，
心头生起失望感，
意识尽转颇希罕。

本尊、苦行的授记，
上师宣说的教理，
虽然曾经有告谕，
这些不能讲出去，

【1】无明——痴。六根本烦恼之一。是智慧异品，不能如实了知三界所有业果、谛实等诸道理，能令杂染生起。

但是今夜若不讲，
实在没有别巧计，
仅自此次开新例，
过去未曾有旧习，
今后是否重讲起，
可以留神听消息。

昔日长涉远方人，
我无亲友无旅伴，
身疲腹饥不堪言，
幸亏弟子你挂念，
接待尽美又尽善，
我实难忘记心间。

恩德超世的良友，
高位稳坐的上师，
能施悉地的本尊，
可除障的护法神，
请别怪我言不慎，
若有谬误望容忍！”

罗贾觉色听了这首道歌，感到面见玛尔巴如同亲见释迦佛一样。

此后，玛尔巴便启程回洛扎，他想：我回去的途中，顺便到虐译师处去一趟，他前次曾答应借原本给我，虽然他那里没有，但是试探一下也是可以的。于是来到喀日，向虐译师索借经书的原本。虐译师向玛尔巴献了一两黄金，一个曼札，并说道：“摩诃麻耶的法，你很熟悉，用不着原本，就请你作摩诃麻耶等母续的教主，讲说该法！我作集密等父续的教主，讲说此法。”结果未借给原本。玛尔巴怀着从速再次赴印的强烈愿望，回到了洛扎。

当玛尔巴回到家中之时，父母已经去世，他的师父和哥哥殷勤接待了他。因为玛尔巴是弟子，师父没有请他讲法，但尊重他的法。由于这个缘故，附近的人，谁也没有向他求法和顶礼，显得不那么信任。与此相反，打从距离洛扎很远的地方来的人，请玛尔巴灌顶、传法者有之，向玛尔巴顶礼和供养少许物品者更多。

以上首次赴印的情形一节完。

第二节 第二次赴印之事迹

中间这次赴印，与上次相同，分为三个部分。

一、寻求黄金，遇诸弟子的情形

当时，洛扎地方有一些僧徒向玛尔巴上师求法，上师只向他们传授了一些念诵仪轨及其程序之类，以便外出寻求黄金时，带领他们作为侍从。随后，玛尔巴携带了上好的法器和供物，骑着高头大马，师徒数人便出发寻求黄金去了。

一日，玛尔巴师徒一行来至卫地一大河之南岸，正在河边打点吃饭，有两位密教僧人，好似师徒，其中一位师父模样的人说：“请问诸位由何处来，到何处去？”玛尔巴上师的徒弟中有一位能言善辨者回答说：“有关我师父的情形二位也许有所闻吧？”玛尔巴上师自己也说道：“我是印度大德班钦那若巴的亲传弟子，名叫玛尔巴译师。我们师徒一行，四处游化，为有缘者度化其成熟解脱，与无缘者结个善缘。尤其为了佛法和众生，我想再次赴印度游学求法，为筹集赴印度资粮，前来化点金子。”便将来此种种详情讲说一遍。那人听后便道：“啊！师父大名我早有所闻，很想前来拜见，不料今日在此相遇，今晚请到我处歇息。”遂迎玛尔巴一行至雄·热阿穹顶寺。

此人便是玛尔巴诸弟子中最初遇到的一个大弟子，名叫雄·俄敦曲多。在雄地，俄敦曲多对玛尔巴善为款待和供养，并请求传法。玛尔巴便传给他海生金刚派的薄伽梵欢喜金刚灌顶与修法。他供养了玛尔巴上好衣物等许多供品。又让他的弟子和施主多人向玛尔巴求法，向上师祈请并请求灌顶，玛尔巴为他们传法两个月，所收供养物甚多，上师声誉也广为传扬。

此后，玛尔巴师徒一行又到了彭域[1]，住在色萨玛，用格里亚法[2]，救活了九个色巫[3]乳婴的性命，收了每个婴儿一两一钱金子。又传了热玛底佛母法的开许和羯磨集[4]，在那里传了一段时间的法，所有听法的人很生敬信。

正当玛尔巴上师为许多人传授欢喜金刚大灌顶之时，适逢北方当雪宁仲地方之玛尔巴郭勒来前藏做生意，见许多人聚集于山梁之上，便上

【1】彭域——地名。在西藏自治区拉萨市北面，彭玉年曲流域。
【2】格里亚法——事部。佛教密乘四续部之一。以沐浴、清洁等身外行事为主。
【3】色巫——幼儿，小孩。
【4】羯磨集——汇集各本尊所有息灾、增福、怀柔、制伏等羯磨仪轨于一处者。

前去问道："是何人，在这里干什么？"听法之人回答说："那若巴大师的亲传弟子玛尔巴译师在为人们举行灌顶法会。"玛尔巴郭勒心想："他原来也是我们的同宗，他若是一位很好的上师，我也应该向他求法。"便拿出两腔羊肉、半驮盐供养给玛尔巴。

言谈之下，郭勒遂产生了敬信，他想：我一定要迎请这位大德到我的家乡去。随即对玛尔巴说道："您如为寻求去印度供养给上师的金子，在彭域是寻求不到金子的。俗话说'至穷不过彭域，至富不过羌塘'。在土地贫瘠的彭域，一只小鸟也要被宰割成小块平分；在水草丰美的羌塘，小野牛也是整腔整腔地奉送。彭域人性情刁顽，无信无义；羌塘人性情宽厚，待人至诚。请到北方朗坚去吧，在那里，外出骑高头大马，身着披风，住下来坐高广软垫，食牛羊酥酪。"玛尔巴听了后便说："那么我也到你们那地方去吧！"郭勒说："我一定派人来迎请您，务请驾临。"二人言定。郭勒做完生意之后，便回北方去了。不久，郭勒果然派人赶着乘马、驮畜，带着衣物及路途资粮前来迎请玛尔巴。

玛尔巴便与来人一同起程北来。郭勒听说玛尔巴快要到了，便亲自骑马前来迎接玛尔巴。行至当楚巴拉，见到上师，见上师仍穿着几件旧衣服，自己所供养的新衣并未穿用，便说道："我们北方住牛毛帐篷的人们很讲究服饰打扮，请将那些破烂衣服脱掉，换上新衣服吧！"上师道："俗语说'魔鬼虽恶也不危害自身财物'。我的这些衣服是大德那若巴加持过的，是绝对不能抛弃的，我要将它带回洛扎。"于是，便将旧衣物脱下，装在皮袋里。接着又说："我也要让你高兴。"将俄敦曲多和郭勒供养的新衣穿上，郭勒又将自己的乘马送给玛尔巴乘骑，大家复又动身上路。

一路上，郭勒心中暗想："不仅我给上师送了新衣，其他人也送了新衣服，但他却舍不得穿用，他是啬吝贪财的那种人吗？固然有许多大德的所作所为一般是很难猜测的，如果真是啬吝爱财，那就是一大过失，由于要信奉他的教派，上师是否真是这种人，我要考察一下。”便对玛尔巴说：“您的新衣服中，不光是我供养的，还有其他人供养的，上师当初为何不穿呢？”玛尔巴回答说：“衣服不便带往印度，若是穿旧了，便卖不成金子，所以将新的留着，好换成金子，以便拿到印度去供养我的上师大德那若巴等，现在，依你欢喜，我才穿上了。在印度，没有黄金是求不到法的。”

郭勒听后，心想：他原为到印度求法，并非啬吝，这不但不算过失，反而是一大功德。玛尔巴郭勒由于宿缘触动，感动得热泪盈眶，对玛尔巴大师肃然起敬，心中生起特别的敬信。从而发愿一心要追随于他，依止他求闻佛法。

他们行至当雪宁仲，郭勒原是远一游牧部落的头目，于是命令手下仆从，善为款待玛尔巴一行。玛尔巴郭勒自己也按照所发誓愿入了法门，求得灌顶与教授，并普劝他的仆从和亲友行善修法。在这里，玛尔巴又作法救活了不少婴儿，化得许多金子。前后共有九十余人向玛尔巴求法，供养了许多金子和其他财物，玛尔巴将其他财物全部变卖成黄金。此时，恰值羌塘金矿甚旺，筹得不少黄金。

郭勒自己也供养给上师黄金十八两，名叫雍珠郭噶的良马一匹，还有许多牛羊和各种器物。玛尔巴看着这些黄金和供养物，心中甚为满意，心想：现在该到印度去了。

于是，郭勒自己和几个学法的人一起随从玛尔巴前往洛扎。他们行至雅鲁藏布江的北边，应堆地之楚敦旺额之请，玛尔巴师徒一行来至堆地，楚敦旺额如法供养，请求传授密集金刚的教授与灌顶。玛尔巴遂先传灌顶，便说："这次我[1]走得匆忙，以后再来传教授。"楚敦供养了很多东西，为求得教授，也跟随上师一同前往。

此后，俄敦曲多又将上师迎请到雄地方，供养了许多黄金和器物，也追随玛尔巴一道同行。他们师徒一行刚到达卓窝隆地方，有帕让巴瓦金者，将他们迎至洛拉亚，请玛尔巴传摩诃摩耶法，玛尔巴传法灌顶后，他供养了很多财物，为护送供养财物和依止上师所求闻大法，也随从玛尔巴回到卓窝隆。

玛尔巴为答谢诸大弟子的盛情，遂在卓窝隆为他们传法灌顶，他给俄敦曲多灌欢喜金刚顶，给玛尔巴郭勒与楚敦旺额传了《密集本续》及《五次第分明解说》，给帕让巴瓦金传授了《摩诃摩耶注释》。

传法完毕，玛尔巴准备返回，众弟子为其设宴饯行，并请当地头人参加。在庆会中，众僧徒请求玛尔巴讲去印度的经历：依止了哪些大德，诸位大德有何特殊证道象征功德，向诸大德求得了什么灌顶、教授及大法，来往途中又与何人结伴而行，等等。玛尔巴大师将前后经过情形，详为叙述之后，又将所述简略作歌云：

"主尊啊！您是诤劫[2]金刚持，
修者行之大圣贤，
人天共将你顶戴，
如同颅处头上边，

【1】这里四川民族出版社铅印本为ངང་ནང་，拉萨木刻版《玛尔巴译师传》第25页背面为ད་ལན་ང་，这里根据拉萨木刻版译出。

【2】诤劫——也可译作斗诤时。佛书所说人世间的法、财、欲、乐，即道德、财富、享受和安乐四者之中只能具备其一的时代，期间为四十三万二千年，有释迦牟尼出世。

大德那若班勤足，
弟子向您来顶礼。

洛扎玛巴译师我，
年六十二遇正法，
前世宿慧之习气[1]，
时机成熟定显发。

初学文字读史籍，
次学声明和翻译，
后至印度尼婆罗，
三年求学尼腹地。

于具加持尼婆罗，
听到威灵四座续，
除此之外又求得，
护法堆桑天女法，
时此犹感不如意，
为求正法赴印地，
渡越毒海历万苦，
有如毒蛇蜕去皮。

【1】习气——内心对种种善、不善、处中之外境，长期惯习之气隐存沾染于心识之上者。

我曾发心为求法，
纵舍身命无顾惜，
空行授记至北方，
圣地布拉哈日山。

于具成就寺院中，
护门那若班勤前，
求得欢喜金刚续，
和合往生之教授。
脐火瑜伽业印法，
讲解耳传秘诀[1]义。

西方拉格扎寺中，
依止大德智慧藏[2]，
闻听父续密集法，
得幻身、光明之教授，
修习《五次第道》义。

南方都措科马林[3]，
白昼天昏地又暗，

【1】耳传秘诀——历代上师辗转附耳亲传的窍诀。
【2】智慧藏——又名智藏论师。古印度一佛学家名，约在公元七八世纪，著中观二谛论，持自续派中观见。
【3】都措科马林——古印度南方一地名。

路刚显现又迷失，
舍弃性命寻大德，

得将希瓦桑布[1]见，
赐予摩诃摩耶法，
修习三相瑜伽义，
得之幻续之教授。

东渡悉地之恒河，
于遍震山寺庙中，
拜见法主麦哲巴，
获赞颂甚深密法歌，
了知大手印法义，
断定心为实有法，
得见事物之本性，
此乃举世闻名之，
四方上师之传承。

除此之外还见到，
墓地游方瑜伽士，
坐树下之古苏鲁[2]，
彼等声誉虽不广，

【1】希瓦桑布——古印度一佛学家名。
【2】古苏鲁——玛尔巴在印度求法期间所依止的一上师名。

然我获益也非浅，
求得不少零散的
圆满修道之次第，
世间稀有修习法，
零星教授无其数。
来往印度我与那
卡热内氏[1]结伴行。

归途行止尼婆罗，
洛扎玛巴译师我，
与那卡热内译师，
若论谁的译道精，
谁之教诫广又深，
上下高低尚难分。

行至藏、尼交界地，
财之福泽降他身。
行至拉堆却希[2]地，
共享译师之盛名。
来至卫藏腹心地，
教诫盛誉我独享。

【1】卡热内氏——人名，玛尔巴第二次赴印度求法期间，来往途中与此人结伴而行。
【2】拉堆却希——现西藏自治区日喀则地区定日县境内一地名。

依止得道之上师，
所恭教诫无疑虑，
不希通晓言词义，
愿所讲文义皆欢喜。”

歌毕，当地头目也对上师深生敬信之心，供养给上师所喜的庄园和土地。上师的声誉和福德大振，眷属、享用均甚圆满，聚了无我女等好几个具德相的明母，生了达玛多德等诸子。

二、到达印度后参礼大德、寻求正法的情形

玛尔巴在上师、本尊、护法诸神面前，为报答前恩，祈祷现在和未来，广作谢恩供养[1]，大供食子，摆设美妙集轮会供，遂携带黄金五十余两，准备起程赴印。有几位僧人请求同往，以为侍从，玛尔巴说：“我要只身前往。”未允所请。行至尼婆罗，拜见基特巴[2]及本达巴[3]二位大德，供养黄金，让师欢喜。

二位尼婆罗大德给玛尔巴安排了可靠的路伴，送他赴印，一路无事，顺利到达印度。玛尔巴以黄金报答那若巴等对他有恩之诸位大德，使上师心生欢喜。尔后他又请求传法，在那若巴大师跟前求得欢喜金刚中、广、略三种灌顶，《二观察根本续》[4]、《不共释续空行母金刚帐》[5]、《共同释续桑布扎注释》[6]及其要门口诀等。

【1】谢恩供养——为酬谢鬼神和报答恩德而作的供养。
【2】基特巴——人名。玛尔巴在尼泊尔所依止的一上师名。
【3】本达巴——人名。玛尔巴在尼泊尔所依止的一上师名。
【4】《二观察根本续》——经典名，密宗无上瑜伽部经典之一类。
【5】《不共释续空行母金刚帐》——佛教密宗经典名，根本续部的注释之一。
【6】《共同释续桑布扎注释》——佛教密宗经典名，《注释续》的注释之一。

此后，那若巴上师说：“现在应去拜见昔日其他诸位上师，对以前已求得之法，要认真校正，以便今后不再产生疑惑。昔日未得到之法，今往求为佳。你先往何处？”玛尔巴说：“首先到麦哲巴[1]上师处去。”说罢，便前往拜见麦哲巴上师。拜见上师后，供上黄金，令师心生欢喜。将以前所求得之法再为重学，认真校正；未求得之法，请师传授。遂求得密集的灌顶与疏释，《大手印明点续》[2]等法，并请得这些经书，仍回布拉哈日山那若巴大师处去。

行至那烂陀寺，遇到迦湿弥罗班智达室利盘陀。他为款待玛尔巴，设了一个集轮会供，席间，室利说道：“听说你从怙主麦哲巴处求得心要法门，这位大婆罗门主的弟子，坐山自在的继承者，他与底洛巴大师的弟子，也就是我们的上师那若巴二人的见地，谁为深妙？”玛尔巴心想：这里的聚会是歌舞之会，我何不将麦哲巴的见地稍许用歌唱出，想也无有不妥之处，遂作歌云：

“贤德良友你曾问，
那若、麦哲二大德，
见地何者为高深？
僧徒名叫玛尔巴者，
我紧作歌答君问。

那若大德如雄狮，
世间一切之珍宝，

【1】麦哲巴——人名。著名佛学家，玛尔巴赴印求法期间所依止的主要上师之一。
【2】《大手印明点续》——佛教密宗经典之一。

上师殊圣之见地，
一切需求可满足。

主尊达摩达热啊，
请以慈悲摄受我！

班勤足下之妙莲，
至今仍为我顶饰，
他的见地是如此，
诚心倾听记心间。

法身虚空智慧之云聚，
化身之雨普利众有情，
传承不断殊圣之上师，
我以三门同向您顶礼！

犹如虚空之法身，
即是佛陀金刚持，
智慧云朵布虚空，
便是二位活菩萨[1]。

【1】菩萨——印度话原称菩提萨埵，菩提是觉悟之意，萨埵是有情，即众生，简译觉有情，即是觉悟的众生。菩萨不但是自己希求觉悟真理与解脱痛苦，而且要令一切众生都同样觉悟真理与解脱痛苦。同时，对自己是要求最高的觉悟，以立志成佛为目标。

降下功德甘露雨，
净行尊者萨热哈[1]，
以其化身利有情，
坐山自在夏瓦日[2]，
彼之传承不中断，
便是主尊麦哲巴，
于圣贤处获恩德，
他的见地是这般：

永恒不变心自明，
法身无需再转生[3]，
自然生成无碍慧[4]，
显现各种妙化身[5]，
此二双运[6]并俱生[7]，
便是圆满受用身[8]，
此之所依不成立，

【1】萨热哈——古印度一婆罗门名。最初弘扬大乘密教者。
【2】夏瓦日——原意为猎人。这里是人名，古印度一位坐山修行得成就者，号称坐山自在。
【3】无需再转生——即无生。解脱生死，与涅槃、实相、法性等含义相同。
【4】此句意为无师自然妙智。众生相续中具有的空智无别之慧。
【5】妙化身——指佛的各种化身，也指各种佛像。
【6】双运——又可译作“并行”，两种事物同时同地存在，不相冲突。
【7】俱生——同时存在。与某一事物同时发生或自然生成的另一事物。
【8】圆满受用身——又可译作报身。佛身之一种，亦为智度七十义之一。住法身中不动不起，但于化机菩萨圣众之前示现身形，成为化身之所依处，为请相好所庄严者。

便是佛之自性身[1]，
于此之上若无漏，
便是大乐金刚身[2]，
胜义五身[3]是如此，
挚友心中可安乐？”

玛尔巴歌毕，室利道：“如此谈论五身的意旨很好，然在实际之中应有什么样的见、修、行、果[4]呢？”玛尔巴又作歌道：

“心勿他弛请静听，
文词配韵虽不妙，
然在了悟教诫义，
君会用心来领会。

三界[5]本来即清静，
胜义原本无领悟，
非无而也无断灭，
不移不变是为见。

【1】自性身——佛身之一。具足二种清净究竟法界之身。
【2】大乐金刚身——佛身之一。金刚身即佛身，密宗指的是虹霓身，若现则有，不现则无。它不似五蕴聚身要变坏，故又云金刚身。
【3】五身——指五种佛身：法身、报身、化身、自性身和不变金刚身。
【4】见、修、行、果——见，见解；修，修炼；行，操持；果，佛果。
【5】三界——三世界：地下、地面和上空。地下为龙世间，地上为人世间，上空为无世间。

原有自性本自明，
无漏、禅定[1]、无断灭。
非无而也非聚离，
无有贪欲是为修。

显示变幻无阻碍，
并非无有真实性，
骤然、无定是为行。
心识、若提、要旨明，
无以成就三身佛[2]，
并非无有离疑虑，
悟得空性是为果。”

玛尔巴歌毕，室利又问：“于实修之人是否一起传给教授，请以密乘道指点之。”玛尔巴又作歌答道：

“请位同门师兄弟，
我主麦哲巴本是
现音菩萨所授记，

【1】禅定——又可译作定，静虑。梵音译作三摩地。心不散乱，不染烦恼，心境专注。又称决定、择定。由此之因，生起一切正量智慧之果，故谓静虑或禅定。
【2】三身佛——如来三身：法身、报身和化身。

龙树[1]心传之弟子。

依止夏瓦热巴者，
具三分时[2]赐加持，
不二金刚是密名，
掌众续部之钥匙，
通晓密乘之要道。

法之宝幢法之库，
法之雄狮法之王，
声明[3]、因明[4]和中观[5]，
一切学问皆通晓，
获得班智达成就，
正确了知诸法性，
抛弃国政如草芥，

【1】龙树——大乘佛教开派祖师名，南赡部洲六庄严之一。佛灭四百年后，生于南印度一婆罗门家。幼通密宗四续、显宗三藏等一切经典及道术之学，在那烂陀寺依止大成就者萨热哈出家，法名具德比丘。著《中观离边理聚六论》及《本续集论》等阐明如来教义之书甚多。在医学方面有《寿世经颂》《珍宝药物次第》等著术。其弟子圣天等多如日光之尘。遍建塔寺于五印度，为圣地金刚座修网状围墙，为南印度米积寺设计结构等，世称享年六百岁，旧译密乘说其寿逾千岁，利乐众生。

【2】具三分时——佛书所说人类的法、财、欲、乐，即道德、财富、享受和安乐四者之中，只能具备三者的时代，期间为一百二十九万六千年，有拘那舍牟尼佛出世。

【3】声明——又称语言学，为五大明处之一。纠正或消除语言中所犯毛病以使语言规范化的科学。

【4】因明——五大明处中之量学或逻辑学。

【5】中观——又可译作中道。如世间说离开侧边，即是中央，故离开有无等极端即是道。持此见解，即为中观。

即生证得殊圣位。

空行尊者示教诲，
修习一切均证果，
证得无量之功德，
师之见地是这般：
次第降生之有情，[1]
赐命、脐火之教诫，
无贪、幻身之教诫，

除暗光明之解说，
轮回报身之解说，
受生化身解说等，
依此殊圣密乘道，

指引基道果三位[2]，
同时降生之有情，
讲解尽见大手印，
见师三门生敬信，
听法得以除业障，

【1】这里四川民族出版社铅印本为རིམ་པར་སྲེས་པའི……拉萨木刻版《玛尔巴译师传》第29页前面第3行为རིམ་པར་སྐྱེས་པའི་……这里根据拉萨木刻版译出。

【2】基道果三位——大小乘的见、修、果三位：基位，指抉择正见；道位，指修习行持；果位，指现证菩提。

拜见能离恶趣苦，
求法得以证佛果。

得坐山自在之传承，
班勤那若之弟子，
世间第二佛陀宝，
主尊麦哲之功德。

当今世人妒心重，
只向密友你念诵，
不长功德增烦恼，
故对凡人守秘密，
上师圣行是如此，
善哉具缘金刚友？”

玛尔巴歌毕，班智达室利盘陀等皆大欢喜，说：“大译师，你的愿望圆满实现，求得纯正的法了。”

后来，玛尔巴上师又来到大德那若巴处，遵照上师之命，先后去诸位上师处供养黄金，求取正法。首先前往毒海岸边拜见古古热巴和骨骼庄严瑜伽母。此后，又前往西印度拉格扎拜见大德意希宁布和僧格林巴，向诸位上师均供上黄金，使其异常欢喜。然后再将过去已求得之法认真校正，未求得之法，则圆满求得一切灌顶、教敕和要门等。将所求得之法本，全部翻译，笔之于书，带在身旁，仍回布拉哈日山来。

在那若巴前又求得因陀罗菩提王所传承之胜乐[1]法，大婆罗门萨日哈派之佛所闻续的讲风及其密卷、口诀等。并将过去所得诸种法本翻译、抄写。一天，那若巴正在吃饭，玛尔巴也在那里，来了一名叫阿迦悉地的比丘，言说从中卡其来，是位很精明的班智达，他举止从容，威仪具足，那若巴对他也很敬重。遂祈请道："请传授密集之灌顶、教敕、注疏乃至要门口诀吧！"玛尔巴上师也如此祈请，那若巴道："现在时机已到，一定传给你们。"遂传了密集类广略两种灌顶，本续广论平等不二义[2]胜过一切三千五百颂及其注释灯明释等法。传法已毕，他便要走，玛尔巴送他启程，随即问道："大德今欲何往？"他回答道："我途经西藏，前往支那（汉地）五台山朝圣。"玛尔巴心中暗想："这样学识渊博之班智达若去西藏，将来向我[3]求密集等法的人会有所减少吧！"这种一念之间的想法，也被阿迦悉地以神通看出，但未说破便去西藏了。

他到达西藏之后，那错译师[4]正在贡塘宫之楼顶上讲授《灯明释》，见他前来，那错译师问道："这位'佐给'[5]从何处来？往何处去？"阿迦悉地答道："我是班智达，到支那（汉地）的五台山去。"那错译师寻思：印度这些班智达为了寻求黄金，赤足来到这里。实在可笑！便问道："你认识大班智达阿迦悉地吗？"他回答说："我便是。"那错译师说："那么就不是前来寻求黄金的，实在希奇！"遂将他请至室中，

【1】胜乐——梵音译作呬鲁迦。指出现证大乐智道果次第之无上母续及其本尊名。

【2】在这里四川民族出版社铅印本和拉萨木刻版《玛尔巴译师传》相比较，四川本没有"གཉིས་ཀའི་དབང་དང་། རྒྱུད་བཤད་པ་ཆེན་མོ་དོན་"等内容，这里根据拉萨木刻版第30页前面第2行补充译出。

【3】这里四川民族出版社铅印本为ངལ་གསང་…… 拉萨木刻版《玛尔巴译师传》第30页前面第3行为ང་ལ་གསང་……这里根据拉萨木刻版译出。

【4】那错译师——名叫楚成杰瓦，后弘期著名藏族译师，曾奉古格王强秋畏之命与勒巴协绕一道前往印度，迎请阿底峡来藏。

【5】"佐给"——原为古印度一教派名，这里用作称呼班智达阿迦悉地的词语。

极尽侍奉供养之事，向他求得许多深奥而广博之显密教法，特别是请得了密集金刚大法。

正在传法之际，阿迦悉地班智达以神通心想：我纵到西藏传法教化，然我的教化机缘除此人之外，别无其他。现在西藏所普遍信奉的密教大德，只有卓毗·呬噜迦所变幻之玛尔巴译师，西藏是他所化之地，应由他来教化。到汉地去，于生命也有灾难，且我的教化机缘在乌仗延那，从而决定回印度去。

传法已毕，那错译师供养了很多黄金，又加供了一些在藏所需之资具。因为要去汉地首先要途经西藏，便问阿迦悉地班智达："由此间到拉萨若需向导，侍从人员，均可照派。"阿迦悉地羞于以前班智达来藏专为寻求黄金的传说，心生厌弃，便说："我要回印度去，根本不需要金子和侍从。"没有领受。那错问："什么原因？"阿迦班智达便将由神通所想的一切告诉了他。

那错译师说："即便是回印度，为了圆满我的培福功德，请无论如何将金子收下。"言时悲泪涕泣，至诚恳求，阿迦悉地说："那么为圆满你的培福功德，我权且收取一点。"于是，收取黄金一两而去。那错译师逐生起玛尔巴上师一定是一位大登地菩萨[1]的净相。

班智达阿迦悉地回到印度，见到玛尔巴后便说："朋友你所顾虑的事我没有做，仅做了所希望的教化机缘的事业。"玛尔巴上师闻言心想：这位贤德的班智达，我一点小小的恶念，他都以神通知晓了，我心里并非常生恶念，心底里也无愧事。总之，自己要集中精力，不生恶念。便

【1】登地菩萨——修行已经到了菩萨的地位。菩萨修行分十个等级，名为十地，要逐级升登完十个等级才能成佛。

将心中所想告知班智达。阿迦悉地说："所言均属戏语。你前生时即发殊圣诚心，所以现在深契上师之心。将来你定能饶益有情，光显佛法。"说完，便自往乌仗延那而去。

此后，玛尔巴译师在诸位上师处圆满求得多种灌顶、教敕、要门口诀，将所求得之诸法典翻译成书，发大精进心而为之，所以他的事业得以迅速成就。

三、返回西藏的情形

玛尔巴上师为宏扬佛法，饶益有情，如愿完成了他的事业，心满意足，欲回西藏。于那若巴大师处举行谢恩会供时，班勤那若巴以手加于玛尔巴之头顶而作歌云：

"虚空妙花勇士夫，
石女之于跨战马，
拔擢龟毛'撒豆兵'[1]，
手持兔角降魔橛，
剪除仇敌于法界，
便有如下奇迹生：
哑者能言盲能视，
聋者能闻跛能行，
日月舞者海螺吹，
幼小童子能转轮。"

【1】撒豆兵——又可译作撒真言芥子。撒出真言芥子以驱鬼魔。

歌毕，那若巴大师郑重地说：“此外，尚有夺舍法和一些甚深口耳相传之密诀，你无论无何还要再来印度一次。”那若巴上师并未说明此义为何，玛尔巴也未说懂了与否或询问其颂为何意，但那若巴上师之教诲却清清楚楚地记在心中。遂立誓发愿还要再次来印朝谒那若巴上师一次。便动身上路，行至尼婆罗，未住多久，便回到西藏之藏绒。

这时，梅敦巴等人前来请求传授胜乐的灌顶与教授，玛尔巴留此为他传法之时，卓阿垅一带听说玛尔巴上师已经回藏，身体很好，载誉而归，便有弟子玛尔巴郭勒等人前来迎接。玛尔巴也自藏绒起程，师徒二人于娘堆山中相遇，一同回到洛扎，住在家中。此时，又有米拉日巴尊者等诸具缘大弟子前来依止，玛尔巴上师的福德、声誉、教化、事业均异常兴盛，他的教法大为宏扬。

此后，玛尔巴上师为净除米拉日巴之业障，让他为其子修造的碉房完工后，在为庆祝公子成年和新屋落成而举行的庆贺宴会上，玛尔巴与其儿子达玛多德互相辨论，达玛多德以理获胜，便说道：“俗话说：苦行者是搅拌茶粥的棍棒，得成就者是盛茶粥的木勺。父亲你历尽艰辛求法，然修持要靠我来进行，父亲请您住口。”说罢大笑。

玛尔巴便说：“儿呀，傲慢的山岗上，留不住学识之流水，你之所以能精通佛门教理，全仗父亲我的恩德，若想再求得贤德指教，且不可过分傲慢，且听此歌。”于是，作歌晓谕其子云：

“吾儿达玛多德崩，
为父之言记心中，
你能通晓佛教理，
全仗为父之恩德。

我于多生培福田，
所有享用均变卖，
所得黄金供上师，
深得上师之喜爱。

吾儿达玛多德崩，
为父之言记心中，
那若、麦哲、解脱道，
是我根本上师尊，
依赖上师之恩德，
获得甚深之教授。

吾儿达玛多德崩，
为父之言记心中，
我往昔深得上师心，
空行护持我如子，
保我无灾又无难，
得到现修大乘法，
发心普度众有情，
愿将正法宏藏土。

吾儿达玛多德崩，
为父之言记心中，
往昔我曾将具德，
上师迎请又护送，

足下具有圆轮相[1]，
遍游印度求正法。

吾儿达玛多德崩，
为父有言听心中，
密典、注疏及教授，
我字义无误学得精，
正因如此佛教法，
才能永世得宏扬。

吾儿达玛多德崩，
为父之言记心中，
梅敦、俄敦及楚敦，
再加郭勒共四人，
如我心肝四弟子，
故将密典、注疏传。

吾儿达玛多德崩，
为父之言记心中，
米拉多吉坚赞者，
他将师教来奉行，
宏法掌教靠此人，

【1】圆轮相——又称千辐轮相。如来恭敬迎送上师，感得手足掌心有千辐轮纹之相。三十二大丈夫相之一。

故将教授传于他。

吾儿达玛多德崩，
为父之言记心中，
我之年纪已高迈，
法性亦将归泯灭，
多德你的时机至，
当依大德宏正法，
我儿果真能如此，
也算了却我心愿。”

歌毕，所有听者皆对玛尔巴上师生起了不退弱的敬信。后来，在庆祝新屋落成祝愿吉祥时，玛尔巴上师又作祈祷吉祥歌云：

“顶礼具恩诸上师，
我如珍宝之传承，
具无过患之吉祥，
愿此吉祥更吉祥！

我精深教授之捷径，
有免除迷误之吉祥，
愿此吉祥更吉祥！

洛扎玛尔巴译师我，
有精深法要之吉祥，

愿此吉祥更吉祥！

上师、本尊和空行，
有加持悉地之吉祥，
愿此吉祥更吉祥！

弟子、门人和眷属，
有敬信、誓戒之吉祥，
愿此吉祥更吉祥！

施主、乡邻和亲友，
有助缘积福之吉祥，
愿此吉祥更吉祥！

一切事业及作为，
有益众菩提之吉祥，
愿此吉祥更吉祥！

世间一切众鬼神，
有誓言威灵之吉祥，
愿此吉祥更吉祥！

在座世人和天神，
有祝愿幸福之吉祥，
愿此吉祥更吉祥！”

歌毕，玛尔巴接受了俄巴等弟子及诸位施主们的供品，为他们将此善根回向而成就无上菩提。以上为第二次赴印度的情形。

第三节　第三次赴印之事迹

最后这次赴印度也和以前一样，分为三个部分。

一、筹办金子等资具的情形

此后，玛尔巴为米拉日巴传授继承法嗣的灌顶和教授之后，便令其在洛扎达聂地方闭关修习。玛尔巴上师想起曾在大德那若巴处发誓要再去印度谒见上师一次，便同玛尔巴郭勒等众多弟子一同起程，再次前往伍茹[1]北方筹集金子。由于玛尔巴上师声誉广为传扬，前来求法者甚多，收到许多黄金。

一天，在玛尔巴郭勒处作一灌顶，灌顶的正行已完，刚想要作结尾仪轨之时，玛尔巴忽然入睡，于梦幻和光明相交融的状态中，看见他面前并排站着三位美貌女子，绫罗为衣，骨骼为饰，她们是为了给他解说从前班勤那若巴为他所说隐语中他未领悟之处而来的，中间那位唱歌，左右两位帮合，歌云：

【1】伍茹——以拉萨为中心，东至桑日县境，南至拉玛山脉，西至尼木，北至朗马一带地区的古名。

“空行虚空之妙花，
乘骑耳传石女马，
以无言龟毛‘撒豆兵’，
用无生兔角降魔橛，
笛洛杀敌于法界。

笛洛哑者远离言说及思议[1]，
那若盲者得见无所见真谛，
那若聋者自性法身之山上，
智慧跛者犹如光明而急行。

日月即是喜金刚，
舞者聚众成一体，
螺指美名传四方，
吹者吹向有根器，

轮者即指圣乐轮，
绕谓耳传如轮转，
童子无贪无执绕。”

仙女言毕，玛尔巴即得解悟，便双手合掌，悲泪直流。众弟子问：“上师怎么样了？”玛尔巴道：“我得急速前往大德那若巴处去，明天就起程。”说罢，便将结尾仪轨作完。玛尔巴郭勒又道：“请上师详细陈述

【1】远离言说及思议——佛教术语，其意为空性。

原委。”玛尔巴便将前后经过情形详细告诉他们。玛尔巴郭勒闻言便说：“那么我们各个弟子的供养都供奉黄金，其他器物也请上师变卖成金子。”玛尔巴从其所请，将其他器物变卖成黄金后，又同玛尔巴郭勒等一起回到洛扎。玛尔巴心中正寻思着要去印度，如此又过了几天。

那时，米拉日巴尊者正在洛扎达聂地方闭关修行，于梦中见到一青绿色女子，身穿绫罗，骨骼为饰，眼眉和颔须呈金黄色，来至面前，向米拉日巴说道：“你虽得到经过长期修行始得成佛的大手印与六成就法，但是没有殊圣的不费多大气力修行即可迅速成佛的迁识夺舍的教授。”

米拉听后心中暗想：不知这是主何吉凶，是授记启示还是修行中发生障碍？若是授记启示，我的上师玛尔巴也是三世佛陀[1]，不可能没有这些法要。想着想着，来到玛尔巴处。将梦中情形一一禀报。玛尔巴说：“这一定是空行母来授记指点，我从印度回西藏时，班勤那若上师曾对我提过迁识夺舍法和耳传法要的话，当时我未领悟其意，不知叩求，让我们来看看梵文原著吧！”

师徒二人便将梵文原著仔细查看一遍，果然有许多关于迁识法的典籍，但是没有找到讲夺舍法的书籍。在伍茹北方空行母解释那若巴上师隐语的一切指点，也是鼓励他去求此大法，其他关于耳传的法要等还不知有些什么教授。玛尔巴说：“我得赶快到印度去！”师母无我女及众弟子听说上师又要去印度，以他年纪高迈，难以经受路途风霜之苦等种种理由，一再劝阻。

【1】三世佛陀——也称三世诸佛：过去燃灯佛，现世佛释迦牟尼和未来佛慈氏怙主。

玛尔巴说："无论你们怎样说，我已在上师那若巴面前发誓还要再到印度去拜见他一次，那若巴上师也叮嘱一定要如约前往，不论遇到什么风险，也要去印度一次。"玛尔巴不听劝阻，众弟子无可奈何，便将他为去印度而备办的金子等器物暗中藏了起来。玛尔巴知道后很生气地说："我若体力不支，力不从心，那当然是没有办法了。现在我身体可以能承受路途之苦；且已在上师面前发过誓，与其违背誓言，不如死了为好。"说罢，气冲冲地便去睡了。

第二天早上，众弟子发现他卧室里空无一人，才知道他已经上路走了。于是，众弟子便分头四处寻找。米拉尊者将他赶上，其他弟子也赶来一起苦苦哀求，玛尔巴说："我宁可没有给上师供养的东西，也不愿意违背誓言，没有金子，我也非去印度不可。"大家又说道："那么无论如何请先回卓阿隆，然后再去印度不迟。"

由于众弟子一再恳求，玛尔巴只好同大家一起回来，回来后，众弟子又给他顶礼劝道："上师您年纪高迈，去印度途中，有一名叫贝莫贝塘的大荒漠，连马都要困倦疲劳，何况您呢？途中喀拉卡瓦这个地方极其寒冷，即在盛夏也会冻裂肌肤。绒地和尼婆罗又热得要命，恒河里惊涛骇浪，令人生畏。印度的边远地区和途中必经的一些小地方，大闹饥荒，盗匪遍地，这些话都是您曾经告诉我们的，当然是真实可靠的了！您现在就不顾一切艰难险阻前去印度，倘若身遭不测之祸，叫我们这些门徒弟子以及凡是受过您教化的人，如何是好，又去依靠谁呢？若是人们要真能实修的话，那么西藏从前译出的法要也就行了，至于上师，尽可在心中观想并不断祈祷。由于慈悲摄受的力量是不分远近的，上师您住持在这里即可。若以为从前请来西藏的教法还显不足，必须前去求法时，可以派遣您的儿子达玛多德带领侍从前往，您赐以教诲，发给通行书信即可。上师请您为我们西藏这些所教化的徒众着想，无论如何现在住持这里，以慈悲摄受我们。”

玛尔巴说：“上师的慈悲之心虽没有远近，但我已在那若巴上师跟前发誓一定要前去再拜见他一次，正是为了可怜西藏所化徒众，才非取回从前没有求得的殊胜的教授不可。这是在空行母讲解那若巴大师的隐语后，屡次劝促我，才生起信念，决心前往。当然，也可以派我的儿子达玛多德前往，但他太年轻，不懂事理，恐怕完不成使命，让大家操心。特别是我在上师面前发誓说是我自己去，并未说派儿子前往呀。俗话说：‘商贾虽年迈，商途颇娴熟。’我虽身体稍显衰老，但也不是不能去印度的老朽，并且我对印度的情况也非常熟悉，这次无论命运怎样安排，我也非去印度求法不可。路上虽说有那么多危险，然而我有如下化险为夷的把握，这次纵然一死，我也要到印度去。”

于是作歌表达去印度的决心，歌云：

“顶礼大德那若、麦哲足，
那若师前我曾发誓愿，
为了求得殊胜之法要，
空行讲解师教并劝促。
想起上师我于心不忍，
命运莫测我要去印度，
纵然一死我也去印度。

贝莫贝塘虽是大荒漠，

我有神识[1]乘风之法门，
此非一般骏马可比拟，
命运莫测我要去印度，
纵然一死我也去印度。

喀拉卡瓦大山纵严寒，
我有脐火炽燃的功力，
此非一般衣物所能比，
命运莫测我要去印度，
纵然冒死我也去印度。

尼婆罗地虽然天酷热，
我有调息四大的功力，
即便六味良药[2]也难比，
命运莫测我要去印度，
纵然一死我也去印度。

恒河虽然宽广且又深，
我有神识翔空之本领，
此非一般舟船所能比，
命运莫测我要去印度，

【1】神识——也称识。识了别对境本体，分别思维各自所缘之心。总指眼识乃至意识等久识身。另一说指魂，灵魂。
【2】六味良药——心脏良药肉蔻、肺脏良药竹黄、肝脏良药红花、命脉良药丁香、肾脏良药豆蔻和脾脏良药砂仁。

纵然一死我也去印度。

印度边境虽然闹饥荒，
我有饮水苦修的秘方，
此非一般饮食所能比，
命运莫测我要去印度，
纵然冒死我也去印度。

路途、僻地虽然多险恶，
我有天母擒盗的方便，
此非一般军队所能比，
命运莫测我要去印度；
纵然冒死我也去印度。

上师那若、麦哲住印土，
吉祥希瓦桑布住天竺，
摩诃菩提圣像供印度，
命运莫测我要去印度，
纵然冒死我也去印度。”

如是歌毕。下定决心，前往印度。便将以前所收供养的金子以及弟子们所供养的东西也变卖成金子，共得黄金一碗，带上准备上路，其他人请求作为其待者一同前往，上师未允所请，只身一人，便往印度去了。

二、寻找那若巴上师求法的情形

玛尔巴上师一路前行，来至娘堆地方，适逢阿底峡[1]尊者来藏宏法，在香地的朗波拉彼此相遇。玛尔巴知道此人，从前在那若巴大师身边时，他便是那烂陀寺的掌堂师[2]，是位王族出身的班智达，心地善良，举止温和，并常常前来求法。他对法主麦哲巴使用“誓物”[3]心怀不满，稍生诽谤，然僧侣别解脱戒乃是共同之戒规，他并非有私欲。

此人注重戒律，前来西藏，宏扬佛法，教化有情。玛尔巴对尊者油然生起欢喜和敬信之心，请尊者传吉祥金刚鬘法。于传法之际，在谈话中向尊者打听那若巴上师现在何处等情形。尊者说：“那若巴佛事圆满，已经逝往非人部众为其首领，听说他是不会见人的，你能否见到，不得而知，你与其到印度，不如作我的译师，一起宏法，利益众生。”玛尔巴心中虽想：我一定可以见到上师，但口中却对尊者说：“即使见不到上师，我也无论如何要去印度一次。”说罢，便与尊者分道而行。

到了尼婆罗，从本达巴和基特巴处得知上师已经圆寂，和阿底峡尊者所说无异，玛尔巴犹如揪心一般异常悲痛。便说：“那今后再无缘相见了吗？”基特巴等说：“你是发誓允诺的弟子，尊者也是具足通达缘起之智慧者，你们必能相见，你广作供养，诚心祈祷吧！”玛尔巴心想：

【1】阿底峡——意译殊胜，公元982一1054年。法名吉祥燃灯智。出生于东印度萨霍尔王室，原系超岩寺上座。吐蕃王室后裔绛曲畏殷重礼聘，至西藏传播佛教，他摄显密两宗关要，合为修行次第。著有《菩提道炬论》等著作二十多种，对藏传佛教后宏期起过重大作用，成为噶当派的祖师。其所传之医学八部对于西藏医学流派的形成也起了重要作用。在阿里居住三年，卫藏九年，卒于聂塘，终年七十三岁。因其一生对古代印度与我国藏传佛教文化的交流有重大的贡献，藏族一般尊称之为“觉沃杰”，意为尊者。

【2】掌堂师——寺院僧侣集会时维持秩序者。

【3】誓物——此有二说，一说为经过诵咒加持的器物或药物；另一说为佛教徒修行时所用法器如铃杵等。

应该按照他所说的去做。便来至印度，见到沙弥喜绕僧格，喜饶僧格说：“你来得迟了，尊者已于去年正月上弦圆寂，这期间你在干什么？”

玛尔巴说：“我在筹办金子，正在那时，空行母劝促我，指点我来求耳传的法要。”遂将经过情形详细讲说一遍。接着又说：“由于空行母劝促指点，我就赶快前来，这下我大概没有见到上师的福分了。尊者临终前，你可求得耳传的法要吗？尊者曾否提到我，为我留下遗训没有？”言毕，大呼上师的名字，痛哭流涕。喜饶僧格说：“你所说耳传的法要，我连听也没有听到过。尊者说：‘他还要来的。’师父说了许多疼爱你的话，临终前，上师说：‘他一定会来，把这些东西交给他。’便留下法器金刚铃杵一对，本尊画像两幅。金刚铃杵已经被盗，这佛像我一直带在身上。”言毕，将欢喜金刚画像交给玛尔巴。玛尔巴深受感动，念及上师，心中悲痛，忍不住泪流满面。

喜饶僧格说：“你敬慕师父，渴望见到上师之心，和具足慧眼的上师的慈悲之心互相融通，今后必能相见，你可用这些黄金，举办会供祈祷。你应首先到麦哲巴那里去，他既是你的上师，又是那若尊者的弟子，应当去他那里祈祷。”玛尔巴依照喜饶僧格所说，来至麦哲巴处，设了一个月的会供，遂得可以见到上师的授记云：

“珍宝悬挂宝幢尖，
美女镜中媚眼盼，
飞鸟翱翔宝幢顶，
梦见舵手放舟船，
吉祥那若定能见。”

歌毕，接着又说："你可到希瓦桑布大师处去，他是你的上师，也是与那若巴尊者彼此互相参学的大德，到那儿去祈祷一个月。"玛尔巴遵照嘱咐，又从毒海洲返回，住在丁丁困巴树林边，祈祷一月，复得授记云：

"吉祥尊者那若巴，
运用大象观照法，
二眼放光如日月，
梦见普照西藏土，
一定能见那若巴。"

此后，又吩咐他前往那若巴的弟子骨骼庄严瑜伽女所住的尸陀林去祈祷一个月，玛尔巴遵嘱前往祈祷，得授记云：

"三座山顶吹法螺，
三叉谷处指路径，
宝瓶内燃酥油灯，
梦见光明遍世间，
定把上师那若见。"

此后，沙弥喜饶僧格说："尊者于我[1]也恩惠不小，可作一月祈祷。"玛尔巴如其所说祈祷后，得授记云：

【1】这里四川民族出版社铅印本为དེ་ཡང་，拉萨木刻版《玛尔巴译师传》第38页为ང་ཡང་。这里根据拉萨木刻版译出。

“我于忧伤荒原中，
引导生育交付他，
彼能开启无明眼，
梦见观看心之镜，
一定能见那若师。”

此后，又吩咐玛尔巴前往那若巴的金刚兄弟日日巴和噶索日巴金二大师处祈祷。于日日巴处祈祷一月，得授记云：

“前世具贤婆罗门，
种姓高贵之法王，
善贤为证作祈祷，
其果到此定相见。”

接着又解释说：“这段授记的意思是：那若巴上师的大悲与敬信上师的弟子你渴望见到上师之心相互融通之力，我今也能记持前世，萌生智慧。授记中所说的具贤婆罗门，就是那若巴大师，北方具足种姓的法王就是译师你，我就是净善仙人，噶索日巴就是婆罗门贤，以我二人为证，祈祷日后能重见师面，一定会得到允许。”接着，又于噶索日巴金处祈请一月，得授记云：

“清净皎洁之月轮，
不动布拉哈日山，
心性法身之明镜，
将由那若来示显。”

所得授记，均说能够见到那若巴上师，玛尔巴心生欢喜，勇气倍增。由于思念尊者心切，坐卧不安，便和同伴一起寻找上师。有时没有同伴，他独自一人跑到山涧、密林或城镇村落寻找上师。不料走错了路，来到东方赤果孜巴城，被一个残暴的国王所擒，国王图谋他的金子，假托迎来供养，欲将他囚禁起来，玛尔巴说："我要去寻找那若巴上师，无暇在此停留。"说罢将行，国王说："你这人倒是令人同情，带着这些干粮去吧！"随即送给他一包鱼、六升米，并吩咐道："你从此照直往东走。"玛尔巴如言东行寻找上师，一直寻找了八个月。

第一个月，玛尔巴在梦中见到那若巴骑一雄狮，旁边站有占那玛地和古那玛僧哈两位明妃，她们在日月之上轻歌漫舞。玛尔巴向其祈祷，二位瑜伽母说道：

"那若不二双运身，
二位明妃站身旁，
骑着雄狮于日月
之上漫舞又轻歌，
勿为梦幻所迷惑。"

第二个月，适逢喇嘛本达巴到印度来了，遂邀为伙伴一同前去寻找那若巴上师。有时，他又同婆罗门金鬘童子一起去找那若上师，均未找到。正当疲劳懒散之时，天空中便传出声云：

"虔诚无懈之良马，
若不策以精进鞭，

能所二取之野兽，
堕实有网及轮回。”

第三个月，玛尔巴舍弃同伴，一个人单独去寻找，遇到一个牧童模样的人，便向他询问，回答说他曾看见过，玛尔巴给牧童一点礼物继续寻找，见到那若巴一个足迹，玛尔巴便将足迹之土置于头顶，继续寻找，忽闻空中有声云：

“足迹犹如鸟行往，
无可追寻若不知，
犹如犬追飞鸟影，
飘泊无谓之险途。”

第四个月来到一座山旁，见到一位身穿不干净的黄衣服的瑜伽士，他想此人不知是不是那若巴上师，正犹豫间，忽闻此人作歌云：

“无论何人于无生，
心性、法性及法身，
不降疑惑之蛇结，
两尖之针事难成。”

说罢便飘然而去。

接着又继续寻找，到第五个月见到了那若巴上师真容，可是因为生起贪欲，见后只听上师说了一偈，偈云：

“犹如彩虹无贪子，
无可追寻若不知，
如象盲人观景物，
岂能了知真实意。”

说罢，即便逝去。

于是，又去寻找，到第六个月，玛尔巴忽然显发心境，觉得上师住在沙滩之上，便向其祷告，供上黄金曼扎，请求传法，师云：

“万物本来即清净，
不供法性之曼扎，
反用具贪宝曼孔，
岂能不入八法网。”

说罢，迅即逝去。

又寻至第七个月，玛尔巴显发心境，见那若巴上师在一山涧内，正在解剖一具死尸，将天灵盖破开，取出脑髓，又取肠肚，砸碎肋骨等，正在享用。玛尔巴便向其祈祷，请求传授教诫。上师便给他一条肋骨，他看了心中恶心，没有食用，上师便道：

“于大安乐器皿中，
大乐、受用味等同，
若不受此大乐法，
无福享用此大乐。”

说罢，又顿隐无踪。玛尔巴仔细一看，死尸等完全不见了，只有一点残余物，沾在石堆上，他便用舌头去舔，味道极为佳美，由此因缘，他得了最胜三摩地。

到了第八个月，他于寻师途中又显发心境，见到尊者在前面走，他在后面追赶，无论怎样也追不上，他感到疲惫不堪，上师便停住，玛尔巴即向上师祈祷，请求传授教诫，师父又为他开示说：

“法性光明出世马，
无来不往不奔驰，
犹如野兽追太阳，
徒劳无益驰荒原。”

此外，还听到一些其他教诲。以上这些，全是玛尔巴心境中所显现的景象。

如此寻找了八个月，玛尔巴心中悲伤，便拿出经典来看。读书之时，他又想起班钦那若巴大师，心中不安，遂将未看完之书抛在一旁，跑到一个名叫闷巴金的山林里去寻找上师。向一个牧童打探，牧童说要一点报酬。玛尔巴给了牧童一些金子，牧童便给他指着一个水晶磐石，上面有那若巴的足迹。

他想这次定能见到尊者，心中生起无量欢喜，怀着强烈的愿望虔诚祈祷，但见那若巴上师心之化身———棵枝叶异常茂密的旃檀树顶上，有七彩虹光缭绕，犹如帐幔，虹光与旃檀树若离若合，在虹光帐幔的中央，有世尊喜金刚九位化身，尊者的颜色、标识、庄严、佩饰，无不分明显现，纤毫毕见。

玛尔巴知道这是上师的化身，便顶礼、供养并作祈祷。从无我佛母心间，有阿喜扎咒字形，如用毫毛尖笔所绘之图画，放射光芒，投于玛尔巴心间。玛尔巴便得到佛身之加持和语之随赐。他知道这全是班钦那若巴大慈大悲的恩惠，由于极度高兴，想念师父过于心切，不由得痛哭流涕，大声呼嚎，向师父祈祷。

班钦那若巴遂现真身，身着尸陀林的装束，作娇媚等种种曼舞的姿态，并说："师父我来到弟子面前了。"玛尔巴见此情景，如登初地菩萨位一样，心中生起不可思议的欢喜。他于师前，诉说衷肠，泪水横流。将师足放置头顶，犹感不足，又上前拥抱师身，喜极晕迷，旋即又清醒过来，将所有黄金全部毫不啬吝地献给那若巴上师。那若巴说："我不贪图黄金。"不肯接受。

玛尔巴又说："虽然主尊你不需要黄金，但为了我和所有供养黄金的人能培修福田，请无论如何赏收。"由于玛尔巴再三恳求，那若巴说："那么将黄金供养上师三宝吧！"说罢，将所有黄金抛散在山林之中，玛尔巴想到在西藏为筹集这些金子而饱受艰辛，不觉有点可惜。那若巴挥动双手，二掌相合，复又打开，金子仍然原样在他手中，便道："你感到可惜吗？好，原物在此。我拿金子没什么用，若需金子，这里全是金洲。"说罢，以脚踩地，大地完全变为金土。

接着，那若巴上师说："我的弟子却吉洛卓来了，当为款待。"便仰望天空，当空掉下一条鱼，此鱼既新鲜又肥美，那若巴便对玛尔巴说："你把这条鱼剖开吧！"玛尔巴将鱼剖开，见里面有五肉、五甘露等无量的资粮和妙胜供品，并显现诸位本尊圣像。玛尔巴便用各种供品让上师、本尊、空行、护法心生欢喜，师徒二人也怀着欢乐的心情共同享用。

此时，玛尔巴便向那若巴请求传法，那若巴说："你之所以能到此地，全仗祖师笛洛巴以慈悲摄受所致，笛洛祖师曾为我授记，要到布拉哈日山为你传法。”玛尔巴请师说其授记，那若巴道：

“自我解脱之慧月，
布拉哈日寺院中，
消除无明之黑暗，
智慧光明照大地。”

说罢，师徒二人一同前往布拉哈日山。行至途中，诸空行因嫉视正法，以神通制造种种魔障，玛尔巴无论是走在师前还是师后，心中甚为恐惧。特别是到达布拉哈日之后，更加畏惧，便绕师顶礼，请求师父护持。那些制造魔障的空行也显出可怕的真容，前来擒拿玛尔巴。

玛尔巴也紧跟在飘然而行的上师后面，于山岩之间，如在云中飞腾，非常轻便，无有障碍。但那些作魔障之空行仍紧追不舍，随后追来。此时，那若巴本来可以救护他，但仍然向笛洛巴祈祷云：

“上师授记之弟子，
具器法慧玛尔巴，
名曰空行诸魔女，
降灾请求您护持。”

祈请完毕，笛洛巴变幻出无数忿怒天尊，手持各种器械前来，马上将妖魔隔开，使其不能靠近玛尔巴。那些妖魔慑于忿怒天尊的威严，纷纷逃往四面八方，忿怒天尊也四处追赶，其痕迹遍布岩隙之间。此时，玛尔巴于光明与云彩之间看到笛洛祖师的尊容，心中高兴，不觉手舞足蹈起来，现在布拉哈日山的岩隙之间，仍可见到玛尔巴上师的两个足迹和诸魔鬼逃走时留下的痕迹。当忿怒天尊降伏魔类时，众空行惧怕，合掌请求道：

“可畏身和可畏语，
手持怖畏之器仗，
本想皈依大威身，
我等并非来危害，
如彼显现二月相，
跨骑大乘之骏马，
吉祥尊者那若巴，
授记解脱空行迎。”

说罢，便自行隐去。于是玛尔巴请求那若巴大师传给一般的耳传法要，特别是请求传授迁识夺舍法。那若巴说：“请求传授迁识夺舍法，是你自己想来求取还是得到授记指点？”玛尔巴说：“不是我得到什么授记指点，也不是我自己想起来的，我有一个弟子，名叫闻喜，是他得到空行母的授记和指点。”那若巴说：“黑暗境域的西藏，能有如此圣贤，如红日照耀雪山，希奇得很呀！”于是便双手合掌，置于头顶称赞道：

“北方黑暗之藏土，
犹如红日照雪山。
名曰闻喜之圣贤，
我向圣者致顶礼。”

言毕，闭目向西藏俯首并点头三次。印度的山岗和树木也一同俯首点头三次，直到现在，布拉哈日的山岗和树木还是面对西藏，微屈其首。此后，那若巴说："我将传授给你从前没有向任何人传授过的殊胜法要——胜乐空行耳传法。"说罢，便依彩土曼陀罗，为玛尔巴举行胜乐金刚六十二尊、十三尊、五尊、双身胜乐金刚等大灌顶。又依僧多惹曼陀罗，为玛尔巴举行佛母金刚亥母十五尊、七尊、五尊、俱生母[1]等大灌顶。又依上师之身语意三密曼陀罗，传名称灌顶，并将教授圆满传授给玛尔巴。传法已毕，那若巴说："观此殊胜法要和教授，你昔日所得之教授，全是糟粕皮毛。此最为心要之殊圣教授，传承未满十三代之前，均系秘密单传。你可将此教授，传给你的弟子闻喜，他可以大兴佛教事业。你看此法要与往昔所传之法有无差别？"

玛尔巴心想："就其法之究竟旨趣而言是没有什么区别的，然而，证得之方法玄妙不玄妙，能否产生胜解、亲得验证，能否不费大气力便可迅速证悟等方面，确有天壤之别。特别是三种和合往生法和二融通平等一味法，是一切教派未曾有过的唯一殊胜法门，此法一了百了，一通百通，最初若蒙学得此法便好了。"遂将心中所想，一一禀告上师。

那若巴说："你前两次来印求法，传授此法的时机尚未成熟，故未传授于你。特别是为了求法若不经受磨难，则不能视正法稀有难得，不予重视，不能修持。即便有修持之心，然不能显发德性。我以前曾对你说过，为了求得此法，我往昔于笛洛祖师前修十二大苦行及十二小苦行，舍身忘命求得此法，并进行观修，故现在才能自在地往来于一切境界，

【1】俱生母——无上密乘圆满次第位中证得通达三种远离及光明的女伴。

可以任意前往二十四境[1]等诸佛土，加入勇士、空行座次行列，有时还排列为会供之首要座次。你自己也是经受许多艰辛去筹办黄金，又不畏途中艰险，为了求法而甘愿受苦受难。今见你是堪受笛洛巴法要的上器和有缘分的弟子，所以笛洛上师才为我授记。我也特别爱怜于你，欲将此法传你。现在来此的种种因缘齐备了，故我吩咐空行、护法敦促于你，你才能来到此地。为使传承有摄受力故，所以不马上和你晤面，要让你经受种种苦难。”

那时，那若巴虽为玛尔巴传授了胜乐金刚的灌顶及其教授，但玛尔巴经常所依止的本尊是欢喜金刚，因此那若巴心想：这位西藏的玛尔巴译师对我非常敬信，多次携带黄金至此求法，实在令人怜悯。但他继持传承的因缘究竟如何，需要观察，与此同时，还需为其指点授记。

于是那若巴大师为玛尔巴举办了一个集轮法会。那天晚上，玛尔巴就住在那若巴处。天将黎明，那若巴变化了欢喜金刚九尊主从及曼陀罗等，清清楚楚地显现在虚空之中，他喊醒玛尔巴道：“弟子玛尔巴不要睡了，快起来吧！你的本尊喜金刚所变化的九尊神灵已降临虚空，你为我顶礼还是为本尊顶礼呢？”玛尔巴急忙向虚空中的本尊和曼陀罗顶礼。那若巴接着说：

“上师未曾出现前，[2]
连佛名字也未闻，
所有千劫诸佛陀，

【1】二十四境——指本尊胜乐金刚坛城周围的各处胜境。

【2】这里四川民族出版社铅印本为བླ་མ་མི་དཔའི་……拉萨木刻版《玛尔巴译师传》第43页背面第1行为བླ་མ་མེད་པའི་……这里根据拉萨木刻版改正并译出。

皆依上师而出现。”

那若巴又说：“这些都是我所变化的。”言毕，本尊便融入上师心间。接着又道：“由此因缘，今后即使你的宗族种嗣不能长久延续，也能将此因缘转化成众生的福分，我们的法嗣将随佛法住世，永远昌盛，你应生起欢喜之心。”玛尔巴心中暗想：“我以前也曾闻思过许多法，只是见到或听说依止上师比依止本尊更为重要，修持的时候也是将上师观想在本尊的头顶。前不久我寻找上师时，也见到喜金刚本尊坐在旃檀树顶，然我并不以此为满足，仍然要去寻找上师。今日反受此语，难道不是前世业力所致吗？”心中非常失意、悲伤，睡梦中多诸恶兆。与此同时，印度天气炎热，玛尔巴身患风热病，有十三次几乎丧命。

病中那若巴来看望他，说道：“耳传的法要是很威灵的，恐有魔类障碍之相。你敬信我及佛法，我也一定替你向三宝祈祷，你仅仅有点魔障，三宝必会尽力保佑。我可担保，你的生命绝无危险。作为消除你未来恶业的方法，应知患病即是三宝的悲心。于有情发慈悲心，不要舍离自己所修持的正念。”玛尔巴答道：“师父以慈悲之语摄持，我无论是死是活，除感知三宝恩德外，别无他念。请师父像爱怜我那样以慈悲摄受一切众生。”那若巴听了，很是高兴。

玛尔巴患病期间，他的亲密教友都前来为他祈祷占卜，修建护轮[1]，并多次问他：“是寻找最有效的医药，还是作福寿法事，还是向三宝虔诚祈祷，该如何是好呢？”玛尔巴道：“诵经作福寿法事需要财物，而一切财物我已供养上师，没有一样敢留为己有。若用供养上师之财物为我作法事，这

【1】护轮——佛教密宗所说以药物、咒语、观想等构成能防灾难的保护圈。

是大罪过，万不敢为。至于医药，若是西藏众生没有福气，我一定会死的；若有福气，不用医药我也会好的，不需就医。至于祈祷三宝，吉祥那若巴以慈悲护持我，没有比这更殊圣的。上师呢，我常常在心中向他祷告。就看护法们护不护持佛法了。”玛尔巴完全不用医药，也不诵经作福寿法事，仅靠上师和男女教友的慈悲之心，他的病就渐渐地好了。

玛尔巴的病虽痊愈，但其内心的苦恼仍未消除。同道男女教友为他病愈，作酬谢仪轨来安慰他。吉祥那若巴也为他病愈作酬谢仪轨。为了安慰他，为他指示实修的教授，将六法精要之处总汇起来，用金刚歌为玛尔巴传授道：

“顶礼具恩诸怙主，
藏地译师玛尔巴，
你那暇满[1]之身蕴，
心生烦恼应如此：
住心之方便持定见，
住身之方便修扼定，
外现幻化之天身，
内现三脉[2]四网轮[3]，
下有短啊[4]旃陀离，

【1】暇满——八有暇和十圆满之简称，八有暇：远离地狱、饿鬼、旁生、边鄙人、长寿天、执邪见、佛不出世、喑哑等八种无暇。十圆满有：生为人、生于中土、诸根具全、未犯无间、敬信佛教、值佛出世、值佛说法、佛法住世、入佛法和有善师。前五为自圆满，后五为他圆满。
【2】三脉——藏医所说人体的左、右、中三脉。
【3】四网轮——这里指密宗所说的人体生理构造的脉络系统。
【4】短啊——形如垂笔的短音“啊”字。

上有‘杭’字的字形，
上下风息之转轮，
以命勲 、瓶息之修法，
中现空乐之境界，
此名拙火之教授。
风息是否达枢要？
藏地译师玛尔巴！

外有现分之幻身，
内生体验不可言，
昼夜所现变化身，
此名幻身之教授。
是否产生厌离心？
藏地译师玛尔巴！

梦境心意散乱时，
喉有‘嗡’字放光明，
忆念、欲望和印象，
彼此连结即生梦，
梦见男子是阳鬼，
梦见女子是阴鬼，
梦见旁生执为龙，
梦中欢乐生傲慢，
梦中不乐乃心忧，
不知鬼原由心生。

幻想之鬼无穷尽，
亲自解脱善恶意，
此名梦幻之教授。
是否通达法本性？
藏地译师玛尔巴！

睡眠、梦境之中间，
愚疑、法身之自性。
离言，光明安乐境，
复以光明相印证，
梦与光明相交织，
此名光明之教授。
已悟心本无生否？
藏地译师玛尔巴！

八门皆是轮回窗，
除此之外唯一门，
才是大手印之道，
掩了八门开一门，
以心为箭风作弓，
用嘿之弦来策动，
射心识于梵天道，
此名迁识之教授。
到时风息能止否？
藏地译师玛尔巴！

自身如若已经到时限，
找到具相殊圣之他身，
中间字母风息之乘马，
用以缘起风息之转轮，
舍弃自身如同舍空室，
他身成为化身之自性，
此法名为夺舍之教授，
风息是否得调整？
藏地译师玛尔巴！

梦境出现之心识，
应当融合中有心，
成为圆刻报身性，
净与不净二色身，
中有之时方执受，
梦迁中有之枢要，
名叫中有[1]之教授。
中有是否已语习？
藏地译师玛尔巴！

总之内外诸种法，

【1】中有——也称中阴，前身已弃，后身未得，即死后未投生中间心识飘游于中有世界。

首先均需广听闻，
理解方能离二边，
若断是非之疑虑，
方是无误之正道，
此道那会有烦恼？”

玛尔巴听了，心中得到无限安慰。以后但凡思念上师及心中不安时，便将此歌重唱一遍。

玛尔巴病愈后，心中之烦恼解除，十分快活。此时，那若巴说：“有七种平常瑜伽，现在先去作沐浴瑜伽吧！”玛尔巴便侍候师父一同前往。他们师徒二人同在一个具有八功德的水池中沐浴时，玛尔巴将自己一个很灵验的护身轮解下放在一旁，忽然被乌鸦衔去。那若巴知道又是非人来作障碍了，遂用定眼法，并作降伏期克印，乌鸦便全身僵硬，从空中掉下。那若巴将护轮取回，交给玛尔巴，并说：“从今以后已战胜作障诸魔了。”

此后，那若巴又说：“我已安排玛尔巴却吉洛卓为我的法位继承人。”于是，摆设盛大会供，于会供席间又为玛尔巴开导说：“你玛尔巴译师，当如往昔我为你所开示的，从根本上说，五蕴【1】即五种姓【2】，五烦恼【3】即是五智，由于认识到这一点，所以在本质上是无所谓取舍的。现有世间一切诸法，即成为五如来之体性，若能了知诸法本性及其本有妙德，无复无碍，因为无有一法，莫不皆成双运，所以于法界中修持时便可犹如飞鸟翔空，畅通无阻。

【1】五蕴——有色、受、想、行、识等五种。

【2】五种姓——这里藏文的རིགས་ལྔ་有两种解释，一种是指五种补特伽罗：声闻乘种姓、独觉乘种姓、如来种姓、不定种姓和无种姓。另一种解释是指五部佛：不动佛、宝生佛、无量光佛、不空成就佛和毗卢佛。

【3】五烦恼——即无明、贪、嗔、慢、疑等五种烦恼。

此证悟法轮之教法，如转轮王[1]御世，已得现证，此经教法轮[2]之教法，犹如国政七宝[3]，自然可以获得。总之，你可执掌佛门显密二教的教证法门，特别是应当执掌密乘教证法门，犹如日照大地，让其发扬光大。你今生宗嗣虽将断绝，然你的法嗣将如同江河流水滔滔不绝，于佛法住世之日，你的法嗣将会长存。在一些不清净的凡夫看来，你好像贪图今生妙欲，并显得非常看重、很认真的样子，犹如于石头之上雕画，不可改变。因为你已从本质上明见诸法本性，如蛇盘结，自缚自解。将来你的所有传承弟子，将如幼狮、如大鹏子，一个比一个强。我二人今生因慈悲感召，于光明中，常在一起。来世我一定来迎接你到清净空行刹土，便可同住，不再分离了。你应生起欢喜心才是。”

玛尔巴回答道：“承蒙上师慈悲摄受，为我预记以后法嗣昌盛。显密两教的见解和修证实际上并无区别，所以两者的教证和教法皆可住持。唯修持方面，恐不能全如声闻之相。再者，我骨肉所分之子有达玛多德等七个儿子，若宗嗣断绝，无继承之人，不知上师能否为我传授不绝宗嗣的方法。”

班钦那若巴道：“未来你的法嗣中，外观声闻之相，内证大乘实义的登地菩萨连同眷属甚多。不过，显现其他不定相的也能把实修派的教

【1】转轮王——为世间第一有福之人，有四种福报。一、大富，珍宝、财物、田宅等众多，为天下第一。二、形貌庄严端正，具三十二相。三、身体健康无病，安稳快乐。四、寿命长远，为天下第一。转轮圣王出现时，天下太平，人民安乐，没有天灾人祸。此乃由过去生中，多修福业，而不修出世慧业，仅成为统治世界有福报之大王，却不能修行悟道证果。

【2】法轮——又称妙法轮。佛所说法。佛以涅槃因果及其体性，三者随一为所论主旨之语言。此如轮宝，能摧异类，于诸道法，能舍能入，迅速运转，八圣道支以为八辐。具此同法，故名为轮。讲经说法称之为转法轮。

【3】国政七宝——又称为轮王七宝：金轮宝、神珠宝、玉女宝、主藏臣宝、白象宝、绀马宝和将军宝。

法宏扬起来。你不止七个儿子，将有一千个儿子。他们虽不能接续你的宗嗣，作为补救的办法，你们父子可闭关静修本尊的承事法，并尽力供养空行护法们的朵玛和会供。因你是前世即进行修习的具善根者，是住地大菩萨，所以能普遍利益有情。为教化西藏雪域众生，特地授权你为我的法位继承人。”说罢，以右手放在玛尔巴头顶，为其预示未来一切而作歌云：

“前世如法修习具善根，
开悟法本性之瑜伽士，
北方藏土玛尔巴大译师，
于五如来法界如鸟行。
转轮圣王执七宝，
宗嗣似空花消失，
法嗣犹如江河水。
爱好如石刻彩纹，
六道轮回之水痕，
自然而然得消失。
弟子如像狮、鹏子，
一代更比一代强。
了知大乘真实义，
成熟、解脱、有缘者，
教化有缘之法王，
尔往西藏之中部，
北方雪域邦土中，
香树茂密之土地，

产诸妙药之山坡，
具缘、善器之徒众，
弟子前往利有情，
尔之事业必成就。
此生慈悲互融通，
于光明中未分离，
来世我定迎接你，
前往空行之净土，
永远同住定无疑，
弟子你当记心中。”

歌毕，又对玛尔巴说：“现在你可由此前往麦哲巴处，诚心诚意地祈求你想要求得的教法，定引生出不同定解的。”

此后，玛尔巴正打算返回西藏之际，有一天晚上，他在布拉哈日山西面阿摩园树下安歇，黎明时他心中想到：我今生从西藏来印度已有三次，第一次用了十二年时间，第二次六年，这一次三年，前后共二十一年，在吉祥那若巴处住了十六年零七个月。修法时又拜谒了许多得道大师，印度的语言文字乃至经典法要均已圆满通晓。现在要快活地回到西藏去了，但要离开上师及其同道法友，心中甚为不安，异常留恋。想到路途中的艰难险阻，如悬崖峭壁、险滩恶水、盗贼暴徒等，不觉又有些担忧。好在这次是完成了学业，又得到上师传授的最殊胜的教授回藏，想到这些，心中仍然很高兴。

为了答谢那若巴大德，向那若巴致以临别顶礼，便设了一个会供，会席上，在陈述上师教养之恩，请师赐教之后，玛尔巴援引蜜蜂远飞之声音为调，唱了一首著名的长歌，献给上师及诸同道法友。歌云：

“救度众生有恩主，
相继得道诸大德，
请住我头顶为庄严，
我向你们行敬礼。
印度班钦那若巴，
西藏译师玛尔巴，
前世修持之誓愿，
互相融通始相遇。
十六年零七个月，
刹那未离师左右，
具大恩德之上师，
对我无时不关照。
在那吉祥之鲜花，
光辉灿烂之寺院，
圆满获得四灌顶，
耳传要诀尽传授。
以无上乘胜妙义，
专一不二为根本，
印证自心空性义。
承蒙上师来授记，
授权弟子为雪域，
继承佛位之补处，
登地菩萨恩无比。

如今小僧回藏土，
心中怀念之事有三件，
心中牵挂之事有三宗，
路途惧怕之事有三件，
使人担心之事也三宗，
本来欢喜之事有三件，
令人希奇之事也三宗，
此歌若不反复唱，
其词不能达意旨。

心中怀念三事即：
主尊班钦那若巴，
圣师麦哲为其首，
得道上师百有余。
如今缘满离别去，
远离慈母尤怀念。
吉祥计美扎巴等，
同道弟兄百有余，
如今缘满离别去，
远离慈母尤怀念。
布拉哈日圣地等，
得道圣地百有余，
如今缘满离别去，
远离慈母尤怀念。

心中牵挂三事有：
拉达摩、菩提阿育迦，
具恩房东诸男女，
不忍分离心牵挂。
婆罗门子金鬘者，
死生患难之挚友，
如今分手离别去，
不忍分离心牵挂。
舵手之女俄桑玛，
为我德相手印女，
如今缘满离别去，
不忍分离心牵挂。

路途惧怕三事有：
沸腾毒海为其首，
东方恒河今始渡，
未见此水我心忧。
邬育山之大森林，
强贼盗匪霸途中，
未曾走到此地界，
此山未见我惧怕。
城有地日乎底城，
毫无廉耻之税吏，
犹如雨水降人间，
此关未到我惧怕。

途中担忧三事有：
除过德拉哈底隘口外，
尚有危桥栈道八十一，
哎呀，此较额曲[1]更担忧！
除过卡拉恰拉大山外，
尚有大小山峰八十一，
哎呀，此较额曲更担忧！
除过巴莫巴塘大荒野，
尚有大小荒原八十一，
哎呀！此较额曲更担忧！

令人欢喜三事有：
声明之学及梵典，
嘎拉旃达[2]为其首，
蒙师教导我学会，
方言一百零八种，
诸友译师相聚会，
我之面庞显喜容。
法要当以喜金刚，
四座法要为其首，
密乘经典及注疏，

【1】额曲——此有二解，一说为水银，另一说为河流名，这里从后者。
【2】嘎拉旃达——古印度一声明学著作之书名。

学会一百零八种，
诸友导师相聚会，
我之面庞观喜容。
教诫当以四教言，
殊胜教授为其首，
口耳相传之教授，
学会一百零八种，
诸友证教大德聚，
我之面庞现喜容。

令人稀奇之事有：
和合往生法之外，
已通一百零八种，
特别殊胜不共法，
稀有至极更稀奇！
杜索天女护法外，
已通一百零八种，
消灾除难护教法，
稀有至极更稀奇！
除五次第明释外，
另通一百零八种，
殊胜圆满次第法[1]，

【1】圆满次第法——于金刚身严守要窍，凭借有堪能性风、脉、明点，以四空现证光明，以四喜现证俱生慧的殊胜智。

稀有至极更稀奇！

以上所述这一切，
皆系上师之恩德，
为报师恩无他念，
观想上师住头顶，
刹那不离师尊身。
在座金刚众兄妹，
小僧今往藏地去，
请求尔等多护持，
保我无灾又无难。
今生恐无再见时，
但愿来生于乌坚，
护法空行净土中，
我与师尊得重逢。”

玛尔巴译师唱完此歌，他最要好的朋友如婆罗门萨姆达格底、瑜伽女苏伽达日等八人感动得流下泪来。

此后，玛尔巴于上师的身曼陀罗中受四灌顶，发愿盟誓，便起程上路。同道金刚兄妹们为其携带行装，前来送行。玛尔巴自己面师后退而行，直至布拉哈日山石阶的脚下。他每行一步顶礼上师一次，每历一石阶也顶礼一次。下完石阶后，怀着强烈的难分难舍之情，不断向上师顶礼，在他顶礼处的石头上，到现在还留有他的脚印，吉祥那若巴也被空行们迎往空行刹土去。玛尔巴上师由于师父和同道金刚兄妹为他加持，平安地回到西藏洛扎地方，在他住世期间，广为宏扬佛法，普度众生。

就在玛尔巴这次去印度时，他遵从上师的旨意，前往麦哲巴大师处，求喜金刚灌顶时，天降神花之雨，散发出旃檀、沉香、速香等胜妙香气，空行母手执一把油松燃烧之火炬，飘飘然经历七日，天乐鸣空，爽心惬意。又求取胜乐金刚灌顶时，三地之勇士空行，皆不现身，念诵陀罗尼真言明咒。施放朵玛时，护持刹土的空行生起变化身，化为七位红色狼女，前来领受施食。玛尔巴亲眼看到这一切，觉得自己仿佛不是在这个世界，恍如到了色究竟天一般，显得非常高兴。

麦哲巴见此征兆，遂将印度所密封的法之枢要为其传授。所以，玛尔巴对那若巴与麦哲巴二位大师生起之净信，较佛尤为殊胜。

三、返回西藏的情形

玛尔巴拜辞了麦哲巴、贝希瓦桑波和益喜宁波等恩师回藏。冬天到达尼泊尔，稍作停留并温习佛法，随即边修边行而归。当行至尼泊尔的庞廷时，基特巴·曲杰兼金已经圆寂，只有本达巴为首的众法友前来迎接，并为其举行会供轮法会。

在这个法会上，本达巴发言道：大译师，我早就说过，你们师徒二人，由于大悲与虔诚的感召，定能相会。你们果然相会了。这种美谈我们早已听说了。我们曾一起去拜见上师，后来您又到了哪些地方去寻师？谒见过哪些上师？得到了什么功德？遇见了什么奇兆？除那若和麦哲二位上师外，又依止了哪些上师？我们的这个小法会是为庆贺您无灾无难平安到达而举行的，所以请您用歌回答我所请教的问题，作为我们款待您的回赐。”

于是玛尔巴的愁思消逝，便借用护法的“修鲁”道歌调，以晋见上师及所见的八种奇兆，献给上师和法友们以表酬谢。歌云：

“迦纳迦西为首的
在座道友请垂听：
若问在下是何人，
玛尔巴译师是我名，
生于藏土中心地，
尼泊尔印度习经文，
三赴印度求名师，
此番殷重求精英。
足莲一触我头顶，
法义甘露授我心。
一般法缘上师多，
僧格林巴十三圣，
神通智慧实精深，
能变心境见光明。
众圣之中的宝塔，
那若巴师最超尘，
他是金刚持化身，
宏恩浩大难报尽。

时刻想念这珠古[1]，
我将各地都访遍，
尊容似见又非见——

【1】珠古——即活佛之译音。系藏传佛教对转世喇嘛的称号。此处是指那若巴。

在那黝黑森林边，
珍奇水晶磐石面，
安布印记浮雕般，
圣者足迹我看见，
如此奇兆真希罕！
又于旃檀药树上，
那若大悲幻化[1]现：
变成九尊喜金刚，
并在俱生母胸前，
安布因陀大咒轮，
好似羊毫画一般，
放射各种大光芒，
摄受我见圣法缘，
如此奇兆真希罕！

不由自主摔下泪，
欲哭之情涌心田，
无法忍耐自哭叹，
一心一意而祈祷，
大师慈悲现身前，
我如见道般喜欢，

【1】幻化——此系据德格木刻本（以下简作德本）第41页前面2行而译。

如此奇兆真希罕！

我将宝贵沙金献，
‘我所不欲’是回言，
再三恳求师赐收，
‘献给三宝’是师言。
随即撒到森林中，
我却可惜神失然，
‘你若想要在这里’……
语毕一掬金在手，
丝毫不减似原先，
如此奇兆真希罕！

复以足趾点地面，
砂石立刻把金变，
‘全成金洲’是师言，[1]
如此奇兆真希罕！

以其慧眼视天空，
鱼肚白包降人间，
内陈集轮诸供品，
百味美食在里边，

【1】此句中的“言”，是据德本第41页前面6行而译。

如此奇兆真希罕！

八德池[1]中去沐浴，
防灾护轮乌鸦衔，
慧眼一瞪手一指，
乌鸦僵尸落地面，
师言已胜魔灾难，
如此奇兆真希罕！

‘你勿留此把藏返，
北方雪域在那边，
有待教化诸弟子’，
作此授记得真言，
如此奇兆真希罕！

活佛那若大班钦，
他有八种奇兆现，
除你金刚兄弟外，
若语他人相信难，
当今佛法五浊世[2]，
邪见之人忌妒多，

【1】八德池——即八功德水的池子。系指该水具有一甘、二凉，三软、四轻、五清净、六不臭、七饮时不损喉、八饮了不伤腹等八种优良的属性。

【2】五浊世——即五浊恶世，五浊泛滥时期。五浊，谓劫、有情、烦恼、寿和见等五者日趋鄙恶。

若言功德遭毁谤，
因此勿向他人言，
除你自身受用外，
希望保密不外传。
此歌献给上师主，
知心朋友心喜欢。”

众人听毕，均很高兴。

次晚在大家一起举行基特巴圆寂周年纪念暨初十法会的地方，在以比丘计美扎巴为首的男女瑜伽二十余人的会席上，计美扎巴提议道：“译师你善长藏歌，特别是长期在印度，无灾无难，平平安安地完成了学业，请你一定要唱一支吉祥歌。你[1]讲了上师麦哲巴的主要观点，那么他所持的主张是什么呢？”为此，玛尔巴便唱了首麦哲巴学说的证悟歌：

“伯惹紬夏所加持，
思想证得精要义，
精通密乘大法印[2]，
向这大师致顶礼。
亲爱金刚众兄弟，
无法分离诸姊妹，
咱身虽异而心一，

【1】此句中的“你”，是据拉萨木刻本（以下简作拉本）第51页前面6行而译。
【2】大法印——亦译大手印、大印法等。

是吗计美扎巴师？

我自印度远方来，
你住泥婆中心地，
今生健在未失机，
昨今又逢吉祥日，
值此空行法会期，
咱们彼此又相聚，
定是不违誓戒故，
我的心中真欢喜。
在坐诸位朋友们，
你们是否也欣喜？！

我是藏地小愚僧，
你们称我为译师，
又令我唱藏族歌，
我虽没有好嗓子，
但是众言难违背，
只得遵命唱一支。
为忆那若麦哲恩，
唱此歌来表情意，
内有他们之圣见，
诸位道友听仔细。

已得证悟麦哲巴，

早已敬慕他美名，
活佛住地是印度，
羊八井[1]市誉全城，
护地大王之王冠，
顶礼师足花蕊心，
精通五明[2]众学者，
誉为权威奉头顶，
他的美名遍十方，
鸡年神变节[3]来临，
为着领受如来供，
遂受法王尊号名。

我主佛口亲宣说：
‘载乘’[4]最终的要义，
以其介绍大印法[5]，
外界事物的现象，
大乐真常无断灭，
使悟无生之法身。

【1】羊八井——即广严城。梵音译作毗舍厘。今作毗萨尔。系恒河岸，古代印度一城市名。
【2】五明——即工巧明、医方明、声明、因明和内明等五大学科。与现今的工艺学、医学、声律学、正理学和佛学相当。
【3】神变节——释迦牟尼在世时，正月（藏历）初一至十五期间，示现种种神通变化，以制服邪魔外道故名。
【4】载乘——即乘。意为运载、运度。谓能乘载众生到达解脱的彼岸。实指佛教说的修行方法、途径和教说。有大乘、小乘等说法。
【5】大印法——即大手印。

内心所持的心识，
因其游移不可执，
见此亦见明无依。
一般存在诸事物，
本来非有也非生，
悟此便悟离言性。
不欲舍弃那轮回，
若修涅槃则不成。
若知有寂自渡性，
则悟大乐的双运。
掏出三时佛陀心，
究竟义理也如此。’

从此我的疑团开，
此乃麦哲师见解，
你们持见虽从此。
以此道歌供三宝[1]，
在坐道友请欢喜！”

众人听毕此歌，便对玛尔巴大师生起特别敬佩之心。

此后，玛尔巴便去梅朵林礼谒米娘多吉大师。此人是麦哲巴教下的

【1】三宝——佛陀是佛宝，佛所讲的法是法宝，僧伽是僧宝。佛教认为佛法僧能令人止恶行善，离苦得乐，极为珍宝，故称为三宝。

一位法友，是教过玛尔巴一遍《事部》[1]法的导师。玛尔巴去时，适逢米娘多吉的朋友——迦什弥罗（喀什弥尔）的塑像师也正在那里为一吉祥密集金刚曼陀罗开光。

玛尔巴到那法会上，他们便要求说：“译师，你去印度住了很久，你的上师那若巴名声很大，你依止于他多久？听了些什么法？你自己修持获得了些什么定见等，给我们唱一支你从印度来的见面歌！”于是便唱了一首《谒见那若巴之歌》：

“顶礼成道诸大德，
加持我这有缘人，
引导我这虔诚者！
叫我唱歌本不会，
但是难违众友命，
只好唱支乐死歌，
敬请各位记心间，
遵其法规来修持。

藏地译师玛尔巴，
同那班钦那若师，
能在繁花似锦城，
金洲山寺来相会，

【1】事部——经书名，佛教密乘的四续部之一。

全靠前世的愿力。
在神加持的圣地，
依止有名圣僧师，
十六年又七个月，

四大灌顶[1]受七次，
赐胜乐轮之加持，
讲解深密喜金刚，
传授本尊俱生母，
亲教口诀次复次，
道中风脉已抓起，
成佛即在手心里。

有朝一日死相现，
业报躯壳解脱时，
临终便有深法力，
转趋迁化[2]连接界，
男女勇士来迎接，
幢幡华盖与仙乐，
迎往空行大乐地，
定会敬谒那若师，
今朝即死才如意。

【1】四大灌顶——即四灌顶。
【2】迁化——迁移化度，即死之义。

在坐诸位密宗各兄弟，
修法如无口传派开示，
仅仅依靠解释派语词，
即生成佛希望太渺茫。

是故众位欲想修佛法，
应照那若麦哲的传承，
如此定会一代胜一代，
便会乐上加乐而逝世。

此歌是否悦耳众道友？
倘若有误敬请多原谅！”

歌毕，众人问道：“译师，你来尼泊尔以前都依止了哪几位上师，主要上师是谁，在救主足前见到了哪些殊胜功德，求得了哪些主要教诲？”

译师玛尔巴为回答众人之问而唱了如下道歌：

“他出生是婆罗门，
已悟离边真实义，
无比虚空瑜伽士，
美名麦哲被人誉，
秉承佛主的教规，
从未离道常修士。

我这译人玛尔巴，
生地虽差去地胜，
曾赴印度有三次，
不顾生命去求法，
见到化身众佛陀，
灌顶教戒铭心记，
今朝要报师恩情。

你们问我依几师，
为我授法十三位，
传道特别有五师，
恩深无比有两位；
那若班钦为其首，
其次佛子麦哲师，
他们爱我情意深，
时刻怀念在心里。

在那东印恒河滨，
炽热火山寺里边，
多根树[1]的绿荫下，
救主住此我获见，

【1】多根树——亦称尼拘罗陀树或尼拘卢树，是盛产于南亚地区的一种香料果树。

生喜如登初十地[1]，
遂将空行喜供献，
又在师喜曼扎上，
安上自在的金花，
合十礼拜身投地，
一心祈祷心虔诚，
又唱赞颂深密歌，
求授本尊喜金刚，
传授究竟义大印[2]。

吉祥无二阿哇都帝巴，
这位圣僧大悲来摄受，
为我进行深妙四灌顶，
以那全部净密来加持，
深布希望因缘之种子，
又将内明性心[3]实相示，
为那光明不生又不灭，
显示并非造作本心体[4]，

【1】初十地——“十地”，亦作“十住”，是指佛教修行过程的十个阶位。此处的“十地”，是指大乘菩萨十地。初十地即菩萨修行的第一个阶位。这一阶位为欢喜地，亦作极喜地或喜地。初证圣果，悟我法二空，能益自他，生大欢喜，故名。

【2】大印——即大手印法。

【3】性心——《佛学大辞典》第741页谓：“术语，性即圆明之真心，即自性清净心是也。”

【4】本心体——本心，本原自心。《顿悟入道门论》上曰：“问其心似何物？答：其心不青不黄，不赤不白，不长不短，不去不来，非垢非净，不生不灭，湛然常寂。此是本心形相也。亦是本身。本身者，即佛身也。”（转引自《佛学大辞典》第424页。）

忽然进入想象的境界，
无漏大乐由其内中起。

清净本是藏识[1]续，
因缘决定三种身，
见到本心法性母，
此次奇兆实殊胜。

油松神灯[2]仅指长，
一直燃了七昼夜；
毫无知觉之树木，
无法忍受动不息；
变出七只红色狼，
见其前来领施食；
耳听三界诸空行，
无形咒声念不止；
空中无数护地神，
各种仙乐奏不憩。

又听救主亲口讲：
‘在你转生的三世，

【1】藏识——亦作“阿赖耶识”或“阿剌耶识”“赖耶识”“无没识”“阿陀那识”“种子识”“异熟识”等。佛教名词。意为含藏诸法种子，或执持诸法种子不失。
【2】油松神灯——用油松点的神灯。现在藏区有的地方仍有用油松点灯照明的习惯。

必得殊胜成就矣！’
我虽不好师却贤，
教法见地最甚极。
勿疑此派道法低，
此乃麦哲师见解，
请友高兴修依此。”

玛尔巴以此歌献给了以喇嘛米娘多吉为首的同门道友，作为见面之礼物。这年冬天，玛尔巴照他们的愿望，住于尼泊尔，回忆所学之法，并加修持。其时，在寒林热玛多里有一位耶让巴喇嘛举行灌顶和会供轮法会。玛尔巴也应邀参加了。

在那法会席上，耶让巴喇嘛请求道："译师，你多次晋谒那若巴上师，得到很多法要和实修，真是稀有！你依照那些法要修持，得了哪些证悟，见到了那若上师的哪些殊胜功德，你最初见到法时的情况是怎样的？等等，简要地给我们讲一下吧！"为了回答上述问题，玛尔巴尊者唱了下面这首道歌：

"历代尊者请加持，
我是西藏一译师，
生在藏门[1]交界处，

【1】藏门——藏，是指藏族；门，意为山谷地方，是指不丹。玛尔巴生于洛扎之普曲琪，正是在藏门交界之处。

因业[1]醒于芒喀地。

依止译师卓弥前，
学习直读语文书[2]。
为求圣法去印地，
以此风轮的两腿，
来程是从西藏起。

佛爷那若大班钦，
与我玛尔巴译师，
佛与常人两相会，
七次求得全灌顶。
依止上师十三位，
那若麦哲如日月，
主要依止那若师。

见到如此殊胜迹：
在那旃檀药树上，
现出九尊喜金刚；

【1】因业——在生“果”中起主要直接作用的条件叫“因”，起间接辅助作用的条件叫“业”，即因与缘。这是指得以形成事物、引起认识和造就“业报”等现象所依赖的原因和条件。

【2】直读语文书——据《青史》载：玛尔巴“年幼时从师鲁杰巴勤学书法和诵读，获得通晓，……其父心想送他去外地求学或许能很好地成长，于是以配有降香木鞍的良马一匹和许多礼品遣送他到至尊卓弥的座前去，那时，他年方十五岁。”（《青史》汉文本第265页。）据此，“直读语文书”很可能是学习梵文和梵文的原著书籍。

见到俱生母胸膛，
因陀咒轮在其上；
天降鱼肚白包内，
百味美食在中央；
见到自生报身佛[1]，
和那本觉法身[2]像，
为感外象的应身[3]；
又见那若幻化身，
邀游太空的各方；
天然水晶磐石上，
还见那若脚迹状。
这种奇迹真无双。

救主佛子麦哲巴，
在那林中灌顶时，
变出能跑红豺狼，
真正前来领施食；
居于三界诸空行，
真正前来作善业；
外象戏法的幻轮，
一丝不动悬天空；

【1】报身佛——亦称“报身”或”报佛”，系佛的三种化身之一。佛的三身是：报身、法身、应身。

【2】见注【1】，【3】同。

如梦如幻的习气[1]，
恰似光芒自消失；
油松神灯仅指长，
一直燃了七昼夜；
常不离道潜修士，
均向麦哲师顶礼，
麦哲师是婆罗门，
如此奇兆亲眼视。

若要全谈我证悟，
有人很难入心里，
仅谈少许是这样，
也具光明的法力。
见地不偏又不离，
修习似水不停息，
每夜不修到四更，
虚伪证悟全抛弃。
不想入定和出定，
于二风心获自在，
轮回畏怖皆消逝，
此乃我所证悟理。”

【1】习气——内心对种种善与不善之外境，长期习染，隐存于心识之上者。

歌毕，在坐众人均对玛尔巴产生了如见上师一样的信仰之心。

须臾之间，从寒林中传来豺狼嚎叫和嘈杂之声。众人说："应当在黄昏时将法会作毕，不然这个寒林很危险，很可能出现非人的灾难。"大家十分惊恐。玛尔巴想：如果是我的师父那若巴和麦哲巴两位上师亲自来到这尸陀寒林，在尸座上食用人肉那才最好，即使亲自来不了，以禅定生起享用观想，使护方空行真正排队来领取施食，那他们也就全都不用害怕了。今夜的这一切，只不过是荒郊旷野的豺狼嚎叫和风水等五行之声，这也值得惶恐吗？想到这里，不觉又想起了那若和麦哲两位恩师的功德来，后悔自己不该从印度回来，并打定主意再去印度。不禁涕泪滂沱，昏沉打坐。

那夜黎明时，玛尔巴梦见一位身穿树叶衣的美丽妇女将手放在自己头上授记说："你这时去印度还不如回西藏更有利于众生，在那儿你可得到很多有缘弟子，在你未回到西藏之前，决不会有什么灾难。"梦醒后，玛尔巴想这一定是那若和麦哲两位大师出于慈悲，派护方空行前来启示的。心里十分高兴，便决定回西藏去。

嗣后，玛尔巴在尼泊尔的仁青楚寺听本达巴大师讲授《吉祥天母现证经》和甘露光明的修法以及一些散杂的《圆满次第》之际，有一晚，梦见救主麦哲巴骑着雄狮行于天空，就立刻大声哀祈道："请师傅慈悲，摄受弟子吧！"于是麦哲巴便来到他面前，于空中示以符号，讲了无与伦比之佛法，使玛尔巴悟了无边的妙义，生起了以前从未生起过的证悟。

当梦醒时，天已经亮了。这时，玛尔巴又想起上师，泪流不止。在次日晚上，为酬谢本达巴大师讲法和向麦哲巴祈祷，他举行了一个很好的会供法会。在这个法会上，本达巴说："在今晚这个法会上，译师你无论如何也要唱支昨晚你心里生起的境界之歌！"于是玛尔巴便借岩洞滴水调唱了支《再现昨晚征兆之歌》，把已经忘了的又从新回忆起来。歌云：

“悟法精义大法身，
声名远扬麦哲师，
宏恩浩大令人念，
弟子总是惦记您，
一心跟师情不断，
化身师父请加持，
您是引导的恩师。

吉祥本达巴为首，
在坐男女瑜伽士，
请将这歌听仔细，
此乃空行所加持。

玛尔巴曲杰洛卓我，[1]
在印度过人生三分一，
四十年中求闻思，
去岁凶恶蛇年[2]的
神变鹞鹰二月时，
我登归途回故里。

【1】此句是据拉本第56页背面而译。
【2】蛇年——当是藏历第一绕布迥之水蛇年，即公元1053年。

渡那可怕恒河水，
遇到妄命二盗匪，
泅渡江河他似鱼，
疾行陆地如神驹，
思前想后真吓人，
遂在头顶念我师，
他复看看便离去。
落水当中救起我，
师恩深重难酬谢。

不久前的上个月，
上弦初十胜日时，
在那尸林热玛里，
供养上师所喜供，
空行所喜会供集[1]，
当场看到瑜伽士，
又念那若麦哲师，
深情不断常培养，
恩师圣行涌心里，
悲哀难忍自哭泣。

当想再返印度去，

【1】会供集——即举行会供曼陀罗（会供轮）法会。

复蒙赐梦黎明时，
身着树衣一美女，
以她右手的五指，
摸着我头赐教示：
‘不要再到印度去，
当回西藏中心地。
未到雪域途程中，
内外灾难不会遇。
还有待化[1]诸弟子，’
用此预言相加持。

定是护地空行母，
也是圣僧你恩惠。
习气所成昨梦中，
见到麦哲佛子师。
他骑雄狮空中行，
又到面前三开示。
传授给我无生法，
并讲无字教法义。
遂悟离言真如相，
生起从前未有境。

待到天亮梦一醒，

【1】待化——即有待教化。

总是怀念麦哲师。
不忍此境离我眼，
满脸泪水大哭泣。
犹如气憋在胸膛，
如饥似渴想我师。
弟子伤心你可知？
请师活佛把我引。

虽是习气所成梦，
见师来到真希奇，
为何忧喜有高低？
请问在坐的各位。”

听完玛尔巴的歌后，本达巴对玛尔巴尊者生起喜欢之心。本来上师的本质是一样的，但由于各自的看法不一样，便出现了各种不同的功德。为解答那梦是如何产生的，本达巴便作歌唱道：

“亲密挚友大译师，
你有赤诚信仰心，
有求种子的愿望，
还有殊胜大悲心，
圆满传承的发心。

你是名门有识士，
以前未遇超世人，

而今才见成道师，
这也有我的恩情，
为报此恩你应该，
把我看作顶珠珍[1]，
你知往事实希奇。

密乘圣王殊胜道，
已成一切之根本。
殊胜誓词你已具，
天神空行又随赐，
上师口诀铭记心，
今得乐道是为理。

一切三世众诸佛，
成就之本是上师。
若对化身的圣僧，
将他理解为虚空，
即悟不生的法义；
若是理解为太阳，
便生普遍之悲慈；
若是理解为寒月，
即能解除烦恼疾；

【1】顶珠珍——如头上珠宝般的珍贵。

若是理解为海洋，
即能证得三摩地；
若是理解为珍宝，
所求愿望自如意；
若是理解为船长，
可到解脱宝洲去；
若是理解为将军，
便可降服邪见敌；
若是理解为宝剑，
可断执实[1]的绊羁；
若是理解为轮宝，
可悟无际的义理；
若是理解为雄狮，
可伏二取[2]的兽类；
若是理解为象宝，
则可超脱众苦魑；
若是理解为马宝，
可送你到涅槃地；
若是理解为圣王，
可受众敬人供祀；
望族出身你所见，
若是理解为恩师，
可得法位永承袭。

【1】执实——执着事物的表象以为真实。
【2】二取——能取和所取，即精神与物质之意。

弟子习气所成梦，
梦见救主亲降临，
为你传授无生法，
讲授无字真如经，
已悟无限的实义，
生起空前的境地，
应该讲出那意义。”

玛尔巴听毕此歌，于是便将梦里听到的法和心里生起的诸境界献给喇嘛本达巴为首的众道友去领悟。歌云：

“圣僧仙人本达巴，
神授大名实珍奇，
不二[1]化身你坐下，
金刚兄弟心同一。

室利古那玛底为首的
右坐男勇士们且请听，
此外隐逸修士女瑜伽，
苏喀班杂佛母为首的
左坐女勇士们也请听。
本来诸法乃如幻，

【1】不二——无二。

尤以梦幻最殊胜，
夜里所得习气梦，
那是不足为凭信。
若是半夜鬼现身，
当然不可去相信，
倘若黎明神授记，
那是最好的兆征。

今天早上拂晓时，
神圣救主亲临此，
传讲究竟真谛法，
能记起的是这些：

本来万法皆唯心，
从其心中生上师，
心性一衰余无别，
所现一切靠心起。
那是从未自然成，
是从无生本性里，
潜心寻思不舍弃，
不缚一松便自失。
为了表示那道理，
师问：‘你见过死尸、
屠夫、犬豕和孩子、
狂人、大象及宝贝、

青莲、水银和野兽、
狮子、斑羚、婆罗门？’
以上词义你若悟，
轮回、有寂则不持，
心中取舍全抛弃。

不望从那得证果，
心无造作戏论离，
便可不落四边际，
无修无持无涣逸，
无思无念离言词，
对其一切无表示。

由于师恩我悟此，
悟其意义得验证：
心和心所[1]全遮灭，
法性法身合为一，
功德过失无增减，
乐空光明无障蔽，
光明常在无来去。

【1】心所——谓相应于心王而起的心理活动和精神现象。由于这些活动和现象为心所有，故名。

悟本元见的要害，
即是无生诸法义，
我从救主口中闻。
若不用歌来叙述，
既违圣僧的命令，
又失诸友的求请，
故祈空行勿生气。”

上面两首歌是玛尔巴译师在尼泊尔仁青楚寺，给本达巴为首的众道友兄弟们唱的麦哲巴托梦开示大手印法的歌。这两首歌，玛尔巴大师回藏后，除传与尊者米拉[1]和玛尔巴郭勒[2]二人外，未传给别人。后来这两位师兄师弟又仅传给额宗论师降秋杰波。为利众生，今传给众人。

尔后，玛尔巴圣者拜辞了尼泊尔的诸位上师而回西藏。其时，洛扎的弟子们由于希望上师回来的心太切，玛尔巴郭勒便想：“如果我去尼泊尔，也许会相见，即使见不到，也会听到一点消息，我应该去尼泊尔。”遂起身前往。正好玛尔巴也回来。在吉隆的玛色玛玛寺[3]，师徒二人相会后，玛尔巴郭勒便侍候师父返藏。

【1】米拉——又名米拉日巴（1040—1123）。本名推巴嘎，译言闻喜，是藏传佛教噶举派第二代祖师。生于后藏贡塘的加阿地方。著有《米拉日巴道歌集》等著作。

【2】玛尔巴郭勒——米觉多吉作的《大圣僧玛尔巴译师略传》中，作玛尔巴葛雅。（见西藏民院油印本第 72 页。）

【3】玛色玛玛寺——川本和德本均作 མ་ཟེད་མ་མ་ 寺（川本第 122 页，德本第 48 页前面 2 行）；拉本作མ་ཟེད་མམ་玛色芒寺（该书第 59 页前面第 4 行）；米觉多吉作的《大圣僧玛尔巴译师略传》（རྗེ་བཙུན་ཆེན་པོ་མར་པ་ལོ་ཙཱ་རྣམ་པར་ཐར་པ་ཙུང་ཞིག་གསལ་བར་བཀོད་པ་བཞུགས་）中，作 མང་ཡུལ་གྱི་རོང་ཟེད་སར་ཕྱིན་ཙ་ན་མར་པ་མགོ་ཡགས་བསུ་རུ་བྱུང་ “当到芒域吉绒色地方时，玛尔巴葛雅来欢迎。”（该书西藏民院油印本第 72 页）究竟何者为是？待考。

到芒域的朗波喀，从前的弟子们来款待他们，并请传法。于是便留在这儿休息数日。在停留期间，收到了松耳石等许多供品。然后去到后藏娘堆达宅梅敦村波的寺院，梅敦举行欢迎会供法会。在会上梅敦向玛尔巴祈请道："上师，您远道而来，虽然路途辛苦，但今晚的会供集轮法会是密宗事相内的重要部分，为便于将来效仿，请师父大发慈悲，广作会供中的法事和仪轨！"于是玛尔巴便照其所请广作法事和仪轨。

在会席中，梅敦如从前一样虔诚，但却产生与从前不一样的胜境，遂对玛尔巴说："上师，过去作过许多会供轮法会，但今夜我却特别开了心境[1]。你在印度见过和作过很多会供轮法会，据此，会供法会该在何时运用？曾见到什么奇异之兆？请告诉我们！"

为此，玛尔巴尊者便唱了这首何时应作会供和所见异兆之歌：

"所谓会供轮法会，
传授成熟四灌顶，
需要举行会供轮；
佛像、灵塔开光时，
需要举行会供轮；
祈祷空行加持时，
也需举行会供轮；
听讲《续部》大经时，
需要举行会供轮；

【1】此句参照拉本第59页背面译出。

在求甚深教授时，
也需举行会供轮。

我这译人玛尔巴，
曾经三次去印地，
曾见神妙会供轮，
尤睹这样希奇事：

为那那若班钦师，
王族首领名柯洛，
与卖酒女滚扎里，
献呈宝铜的曼扎，
其上嵌饰迦舍波里[1]，
虔诚祈祷一年余，
尊者那若才赐收。
在那尸陀檀林中，
大殿三层所环绕，
内有无限享用品，
广设会供与施食，
吉祥那若施法力，
聚集圣乐诸金刚，
以及相等密宗的

【1】迦舍波里——古印度一货币名。

男女瑜伽六十二，
甚深手势加语问，
见从那若胸膛上，
出来圣乐众金刚，
去到坛场坐中央，
仪轨次第作深广。

圣僧那若大班钦，
手上拿着金刚铃，
身上戴着六骨饰[1]，
在离地一肘[2]的空中，
舒展右脚跳起舞，
其余男女瑜伽士，
右手摇动那鼗鼓，
左手碰起叮铛铃，
翩翩起舞很欢畅。

我这译人玛尔巴，
见到俱生的法身，
甚深四灌的本体，
敬谒这样的圣尊，

【1】六骨饰——佛教密宗修行者佩带的用人骨制造的项链、钗环、耳环、冠冕、络腋带和涂于身上的骨灰等六种饰件。
【2】一肘——肘，计长度的量词。分“曲肘”和“伸肘”。“曲肘”是自肘头到小指根间的长度，为二十指长；“伸肘”是自肘头到中指间的长度，为二十四指长。

见到这样会供轮，
这非一般的法事，
你说奇不，藏敦巴[1]？”

众人听后，对玛尔巴生起特别的信仰，于是请求道：“上师，您这次来是我们初次敬见，您一定有以前我们没有听见过的殊胜灌顶与教授，请发慈悲，传授给我们吧！”对有的法，因是空行耳传，需保密，玛尔巴不便传授他人，于是便传授其他许多过去未传之法。

玛尔巴要启程了。他去印度三次，梅敦就给他上供三次。这次是玛尔巴第三次去印度回来，梅敦呈献出三次供物中最丰富的、深得师心的第一大供，并请求道：“师父，在您尊前的这些礼物，是您为我们讲法的酬谢。师父虽然年寿已高，但却平安地从印度回来了。这使弟子们欢喜。为报答师父的恩德，特请您收下吧，并为我们唱一支赞颂众位先世上师之歌吧！”

为满足他们的请求，（玛尔巴）便唱了一首赞颂先世上师之歌：

“不动大乐金刚身，
金刚空行平等合，
诸位勇士的主尊，
赞您吉祥呬噜迦。

全部密籍您汇集，

【1】藏敦巴——即梅敦巴。

密主圣迹您广布，
又把圣法传人间，
赞您啊龙树师徒。

您具无尽金刚舌，
救人于畏大悲慈，
三界自在底洛巴，
赞颂您啊大悉地。

十二苦行依师修，
三藏[1]续部佛要籍，
顷刻之间便贯通，
赞颂您啊佛化身[2]。

您是永恒大印身，
从不造作本性持，
了悟离戏论乐义，
赞颂佛子麦哲师。

继承佛主的教法，
证得密集大悉地，
智慧慈悲两齐全，

【1】三藏——佛教典籍的总称。共有三个部分：一经藏；二律藏；三论藏。
【2】佛化身——此处是指那若巴。

赞您益喜宁波师。

在那尸陀和树前，
呈献美味虔诚士，
具有空行神力人，
赞您古古惹巴师。

因悟圆满无缺义，
故具月光之精英，
见则令人乐而足，
赞您瑜伽佛母身。

头戴极美黄金冠，
胜伞荫处您坐静，
获得日月天空坐，
赞颂圣僧泥婆身。

断除世间二取藤，
有依上师的功底，
修持菩提您为首，
学习大乘占鳌头，
断除孽障与邪诱，
结交大德众贤士，
赞您诸位引导师。

礼赞喇嘛的功德，
等于供奉三世佛，
以颂导师所积福，
可使众生皈佛陀。”

梅敦及其从人听毕此歌，均很满意，十分欢喜。

当玛尔巴给梅敦传法期间，玛尔巴郭勒便带着佳音先回洛扎，并拿出自己的钱财作款待的准备。其他许多僧徒去娘堆迎接。玛尔巴平安地回到洛扎。玛尔巴郭勒为欢迎玛尔巴师父而举行了一个谢恩会供法会。

虽然过去在途中已听过详细教导，但是为了让与会僧众都能听到，玛尔巴郭勒在这个法会上又向玛尔巴请求道：“师父，您见到了圣僧那若巴，又平安地回来了，这是极希罕之事，请师父发无量慈悲，将您这次会见那若巴上师所得的教诲及希有征兆讲给我们听吧！让与会诸人生起欢喜之心。”

为满足众人心愿，玛尔巴便将晋谒那若巴大师后，所得全部教诲口诀及其如何得法，无增无减地，借用大勇无畏调，唱了首大师所行善业神通变化奇妙功德歌：

“圣主活佛住地是
印度摩揭广严城[1]，
外道攻击他降服，
遂赠名为‘大护门’，

【1】摩揭广严城——摩揭即摩揭陀国，是古印度十六大国之一，其领域大体相当于今印度比哈尔邦的巴特那和加雅地方。广严城亦作羊八井，今为毗萨尔。

被人誉为那若巴，
师父啊，向您致敬。

大门向东的宫中，
甚深密续喜金刚，
当我观修此法时，
心如悬旌意不安，
挽心如弓却离弦，
忽然飞向那若师，
怀念之情实难忍，
边远林中去寻师，
陷入陌生贱种城，
骄王把我来监禁。
在那花丛的宫中，
国王三天将我供，
在那炙热火供[1]炉，
见到随意的吃喝，
这种奇兆真非凡！

复又再次去寻找，[2]
鱼肚白包装茶叶，

【1】火供——燃烧有浆树枝等进行火祭。
【2】复又再次去寻找——据拉本第62页前面第二行而译。

三升白米作干粮，
本达巴仙从天降，
途中伴我作向导，
找了半月遍四方，
找遍尸陀和林海，
仍未见到那僧王，
虽未见到那若面，
却见希奇的迹象：

在那旃檀药树上，
现出九尊喜金刚，
有点似触非触感，
犹如架起彩虹帐，
这种奇兆不平常。

见到因陀大咒轮，
现于俱生母胸膛，
犹如明镜中影像，
形象逼真没两样，
这种奇兆不寻常。

在那坚硬金刚崖，
羊脂白玉大石上，
见到那若师脚迹，
犹如羊毫画一样。

这种奇兆不平常。

我想不久即可见，
祈祷七夜又七天，
师有悟他通慧故，
尔后圣僧亲身现，
我心极喜哭又喊，
卑下膜拜顶师脚，
慈悲声声我伤叹，
悲伤泪水流满面。
这种奇兆真希罕。

如抱王妃去抱师，
心心相贴额头连，
圆满灌顶注心田，
大圆满法精要传，
这种奇兆真希罕。

印度那若大班钦，
与我玛尔巴相见，
犹如佛陀见众生，[1]
定能成道无疑团，

【1】此句中的“见”是据拉本第62页背面第3行而译。

这种奇兆实希罕。

亲爱徒弟守誓人，
两年之前我去印，
当其钱财不足时，
黄金装满我钵盂，
值得一说希罕事。
不惜钱财供养师，[1]
收拾衣服和鞋子，
所需一切装给我，
来世干粮也放里，
为此想起真惊奇。
胜过父子情深的，
只有玛尔巴郭勒你，
布施钱财何足道，
即便牺牲也愿意，
除此之外更何奇？

遥远路程怎忘记，
藏尼之间洛喀纳，
冬天新年花遍野。
在种白米萨鲁[2]地，

【1】此句中的“不惜”系据拉本第62页背面第4行而译。
【2】白米萨鲁——系旱稻之一种。

语言不同门[1]地区，
面对难治的热病，
不顾生命不怕死，
是为信守那誓词，
但我未忘记心里，[2]
今生当然不分离，
即使来世也须聚。

因此本尊空行前，
咱们师徒共祷祈。
为了报答昔日恩，
将此歌儿献诸位。
此歌勿向他人传，
请求各位保机密。

报恩传法待后讲，
心腹之言慢慢叙，
咱们旧交好朋友，
直到死时情深切。”

玛尔巴将身语意五种功德之业所现的五种希有境象作歌告诉大弟子玛尔巴郭勒等以表答谢。同时还将那若巴大师修持用过的一百零八颗红

【1】门——参阅第135页注【1】。
【2】此句中的“但我未忘”系据拉本第63页前面第一行而译。

莲念珠和法王麦哲巴戴过的一对金刚石戒指赐给了玛尔巴郭勒，并说：“弟子，你对我帮助很大，在今生未死之前我们要住在一起，并祈祷来世也一定要相逢。为恪守这一誓言，我们师徒死后也同去投生一处。”玛尔巴郭勒便遵师嘱，一直跟随师父，在师父未去世前，一直服侍，连一天也未离开。

玛尔巴将晋谒那若巴的殊胜之事，本来是同一件事，为什么作了不同词语的歌反复唱了三次呢？主要是问的人不同，故而将同一件事作了词语不同的三次回答。

尔后，喇嘛俄巴【1】和楚敦【2】听到大师平安载誉归来，便率领弟子前来接风洗尘，陈献供养，请求传法。他俩在献供法会上向师父禀呈道：“上师，您这次平安地回来，满足了我们僧俗民众的心愿，（如天空）升起了幸福的太阳。听说法王宝您曾遇到许多艰难困苦，又身染重病等，我们都很忧虑。您究竟遇到过什么苦难，患过什么疾病，请用歌告诉我们！”为此，玛尔巴便回答说：“现在我将这次寻访那若大师所遇到的苦难和初入法门至今的经历，用歌叙说，你们听仔细。”于是如像禅定时心不专一，便以慧识铁钩集中之的方法，借空行悲叹调而唱了首为求法受苦的长歌：

“尊者不动金刚持，
请坐吾头作美饰，
以我历程而为例，

【1】俄巴——即俄·曲季多吉（曲古多吉），简作俄·曲多（1036—1102），是玛尔巴四大弟子中解经传承住持者之一。

【2】楚敦——亦作楚敦旺额，真名是旺根多吉（灌顶金刚）。生于垛区之楚氏家族，是玛尔巴的著名弟子之一。

诸位大德勿认为，
修法易成不循规。

我这译人玛尔巴，
生于洛扎中心地，
余业醒于佛法义，
在那牡古隆寺里，
依止卓弥大译师，
学习直读与文字，
他的恩深难报谢。

为求圣法我去印，
途经尼泊尔国境，
险道恶水难渡越，
林海茫茫穿不尽，
路途迢迢走不完，
树如僵尸阻行程，
见此途中诸苦难，
飞鸟翅膀也颤惊，
虽历此险我也值。
见到天降尼婆地，
邦具妙欲[1]看不够，

【1】妙欲——色、声、香、味、触五种外物的功能。

人如欲界[1]众天神，
盛世清平如贤劫，
路虽难行去为胜[2]。

尔后直往印度去，
途遇卑鄙亡命匪，
生命安全无希望；
又闻野兽咆哮声，
怎想得棺清净地；
见到蟒蛇喷毒雾，
心虽坚定步摇晃。
现在想起途中险，
胆打颤来心惊慌。

为渡有名恒河水，
付出艰辛也值当，
瞻礼中印菩提园，
供养金刚座[3]为首，
诸位神灵祖师像。

【1】欲界——贪欲众生所居之处。此中众生贪欲断食，贪行淫行，享妙五欲。

【2】此句中之“路”，是据德本第 52 页前面第 3 行和拉本第 64 页前面第 3 行而译。

【3】金刚座——《大唐西域记》卷八：“贤劫千佛坐之而入金刚定，故曰金刚座。”金刚是指金属中最刚者。佛教典籍多以金刚作为譬喻。其义有二：一、其体坚实能破万物，二、万物不能坏于金刚。金刚定亦作金刚三昧，谓坚如金刚，一切无碍，通达一切诸法的三昧。由于佛入金刚定，故其处谓金刚座。这是在中印度伽耶地方，是佛教主要圣地名，是释迦牟尼等三世诸佛成道之处。

唯恐求法去太迟，
急切心情逼着我，
奔驰印度东西地。
广袤原野路无尽，
疑是陷入大火坑，
一心想法而惆怅，
难治热病又患上，
一十三次临死亡。
三句遗言无处留，
断气三次又还阳。
见到那些诸苦难，
纵是仇敌也泪淌，
即便丧命也值当。
晋谒那若大班钦，
为首五位得道师，
听讲续部四经典[1]，
特别学修全《母续》[2]，
与那《父续》[3]等密集。

后去东部恒河畔，
由于麦哲师加持，

【1】续部四经典——也作四续部，即佛教密宗的事部、行部、瑜伽部和无上瑜伽部。
【2】《母续》——以阐述智慧空分为主的佛教密宗经典。
【3】《父续》——金刚乘中，主要论述幻身或现分方便生起次第的经典。

了悟无生的法体，
把握心识三空性，
证见离戏[1]原本义，
亲见三身佛真身，
从此我将戏论离。

后回西藏中心地，
自想我得教授多，
并已获得些悉地，
广作有利众生事。
这些皆是我心愿，
也是苦行的经历，
求法如此之艰辛，
心勿懒惰勤修积。”

以大弟子为首的在坐众人，听到此歌，都流下了眼泪。

以上是玛尔巴最后一次去印度的情况。

【1】离戏——即离戏论。意谓远离生、灭、常、断、去、来、一、异等八种偏见，或作八迷，而达到空性或法性之境界。

第三章　精修教诫　获得证悟

一般说来，玛尔巴按所求教授修持，所证得的殊胜证验已在证悟道歌中讲了，这里特别谈谈他修证夺舍法[1]得到证验的情况。

有一次，在降若祥敦为首的许多弟子来呈献良好的酬谢会供法会上，正好在大师静室附近有一鸽子窝，小鸽子跟随妈妈在空中飞翔，突然鹞子飞来追赶母鸽，母鸽吓得逃回窝而被骇死，成了鸽尸。于是大师便说："今天我给你们表演夺舍法的法术吧！"大家便顶礼祈祷，请求表演。

玛尔巴便拿根细长绳子拴在死鸽的脚上，将那只死鸽拴置得远远的。[2]自己便作起夺舍法来。忽然那只死鸽起来，扑扑地拍着翅膀，准备要飞，小鸽子也飞来围着妈妈，十分感人。这时，降若祥敦便回头一看师父，见

【1】夺舍法——藏传佛教一般说法是：将自身的灵魂进入他身尸体中的一种法术。
【2】此句参阅拉本第65页前面第2行而译。

到师父呈现尸象[1]，心中不忍，感到惊恐，哭着跑到师父尊前祈请道："上师活佛啊，请勿这样做！"但毫无反应。于是越发害怕，又跑到鸽子跟前祈请。鸽子一倒，上师马上就活转过来并说道：

"自身空房般舍去，
转入他身鸽子体，
展翅飞翔天空中，
鸽儿母子得重逢，
众位亲见实希奇。"

说毕便笑了。[2]当场的人便相信夺舍法，认为真了不起。

玛尔巴会施夺舍法的事，被觉阿听见后，便说："虽然是这样传说，究竟是真还是假呢？如果是真，那就没有比这更希奇的事了！"因此，总想亲自去看一下夺舍法是真还是假。

在觉阿产生这个念头以后，有一天，在他的女织工那里，有一只白肚羊羔因喝多了酸奶撑死了，羊尸在那里。于是觉阿便到玛尔巴尊前说道："您给那只死了的小羊羔，像鸽子一样施一下夺舍法吧。"

玛尔巴尊者便回答说："我在印度得有金刚亥母的采英复活密诀，有智慧的妙方才如此做的。"言毕，便在觉阿等许多弟子和施主聚集的地方说："我在这里施法，你们去看那只羊羔将做些什么。"觉阿求众人如尊者所说，便到那只死羊羔跟前去了。当玛尔巴入定时，那只死羊

【1】此句中的"尸象"据拉本第65页前面第3行而译。
【2】此句中的"笑"，系据德本第53页前面第3行和拉本第65页前面5行而译。

羔便忽然站起跳跃起来。

纺织女工[1]感到十分惊讶地叹道："呀！它已经死了，怎么如此地跳了起来呢！"并准备拾物去打时，在场的观众都连忙阻止说："别打！那是玛尔巴上师施行夺舍法的结果。"那位女织工说："过去只听说，今天亲眼见了，真希奇啊！"说着就停下织机，向着那只羊羔和玛尔巴大师方向顶礼膜拜。

觉阿也对僧众讲："设法把那只羊羔送到师父尊前去！"觉阿自己也到了上师尊前，见到上师好像是圆寂的样子。其余僧众也向那只羊羔祈请道："羊羔啊，请到上师贵体所在处去吧！"于是那只羊羔便到了上师贵体的尊前，又跳了跳。后来师父醒来说道：

"三世诸佛大佛母，
她的取精不死智，
施用夺舍甘露药，
使羊复活又跳舞。"

觉阿听后，特别相信，请求灌顶，成为玛尔巴大师的入室弟子。

尔后，又有一位名叫玛尔巴恰司的人，是玛尔巴的本家。对玛尔巴不信服，并不满地说："觉阿根本没有脑筋，玛尔巴说他到过印度，其实不过是学些魔术邪法来骗人罢了。是夺舍法吗？如果是纯真的，那么为什么他本人却明明是个完完全全的烦恼者（去佛地）呢！若不是这样，

【1】此句中的"纺织女工"系据德本第53页背面第1行和拉本第65页背面第3行而译。

为什么他的嘴酸臭烘烘，身腥臭乎乎，总是吃这些供养财物呢！若是这样都能成佛，那么咱们就更瞧不起他了。”[1]

玛尔巴尊者听到这一毁谤后说道：“因为夺舍是纯真之法，所以如此作了[2]。如果不除妙欲就不入道，那就显示不出密宗的多种方法与无大困难即可成佛的极大特点与甚深玄妙，因此，若是了知密宗的深妙特点，若不转化妙欲为道，反而断舍[3]，那是自造罪过！”于是便唱了首密道大特点之歌：

“我这翻译之人玛尔巴，
已经了知续王喜金刚[4]，
又有那若班钦的秘诀，
不在寺院住着自作孽；

已经通晓续王四座续，
又获迁识夺舍的教授，
若是平庸而无自作孽；

了知禅定融入睡眠中，
已获梦境光明的秘诀，
若如凡人而睡自造罪；

【1】此句中的“咱们就更瞧不起他了”是据德本第53页背面第6行和拉本第66页前面第3行而译。川本铅排本作“在我们的眼前也就数不完”。
【2】此句据德本第53页背面第6行和拉本第66页前面第4行而译。
【3】反而断舍——是据德本第54页前面第1行而译。
【4】续王喜金刚——藏传佛教密宗经典名，也可译作欢喜金刚续。

已知摄心王的拙火定[1]，
具有扼制心根的妙诀，
不去实际证验自造罪；

知晓风的真谛七十种，
又有治疗疾病的诀窍，
还去求医治疗自造罪；

已知自身就是佛圆轮，
为求脉风精液的兴旺，
不靠酒肉才是自造罪；

已有宿业大印法教授，
还求他身助己来修道，
不依大印法修自造罪。”

弟子们听了此歌，懂得了深奥续部的要旨，更加敬佩。但是玛尔巴恰司却说：“他当然要那样藉法以掩其过，不然谁会相信他呢！”这句话被有的僧人听见后，认为说得不对，喇嘛俄巴等很多弟子聚集的会上，一位僧人便将玛尔巴恰司的说法禀知。玛尔巴说：“俄巴等已懂法义的

【1】拙火定——密乘圆满次第根本法之一。集中修练脉、风、明点（精液），从脐中针影（形如倒竖梵文字母短阿）燃起乐暖，烧掉一切不净蕴界，灭尽一切烦恼寻思，迅速生起俱生妙智。这是那若六法之一。

你们，不要为此而畏惧，那持邪见罪人的行为不足为凭。在这些人中，持本教派偏见的人危害更大，思想不正的人，纵是对释迦佛主也会大肆诽谤。甚至连自己的身影也要指责咒骂的人是很多的，因此，用不着同他们一般见识，可怜他们，把那些看成幻化不实，不去理他，算了吧！只要自己清净，就不会作孽，就是这个道理。”于是便唱了如下这首歌：

“金刚大持世尊佛，
在这五百十浊[1]时，
为渡有缘人解脱，
化成那若班钦师，
不才译人玛尔巴，
所作所为请佛知！

请师慈悲摄受我，
在那都底[2]菩提道，
风心乐暖入双运，
即成无漏的大乐，
便现无障的妙智。

【1】五百十浊——佛教流传世间共五千年，分为十个时期，每期为五百年。第一期是初证阿罗汗果，第二期证不还果，第三期证预流果，这三个时期合称证果三期；第四期修胜观，第五期修寂止，第六期持净戒，合称修行三期：第七期学法藏，第八期学经藏，第九期学律藏，合称教法三期；第十期（最后一个五百年），见行失常，唯具出家外表形相，故称唯相一期。在此时期中，众生持邪恶错误见解，佛教正法日衰，故称浊世。

【2】都底——中脉名。

崇高无上[1]喇嘛语，
无明黑暗空间净，
即离能所两重障，
显现乐明离戏论。

因缘和合这境界，
犹如影像无自性，
获得如此意念者，
恰似梦境现象般，
呈现万法皆如幻。

天、人以及阿修罗，
地狱饿鬼和畜牲，……
各种所执的表象，
悟其皆空如虚幻。

境和有境及缘虑，[2]
四大门[3]和风枢纽，
则随所欲很自如，

【1】崇高无上——据德本第54页背面第3行和拉本第67页前面第3行而译。
【2】此句中境、有境、缘虑均是佛教名词。境即境界，是指六识所辨析的各自对象，如眼识以色尘为其境。有境指能涉入自境相应之物体，如声音、心、感觉器官、人等。缘虑是指心对于客观事物之作用。
【3】四大门——亦作四大种，即地、水、火、风。佛家认为此四者广大，能生出一切之物质，为外四大。人体之肌肉、皮肤、毛发……为地，唾涕、血液、精便为水，暖气为火，动转循环为风，称之为内四大。

无垢和合往生[1]现。
投生时运往自然，
做梦时不引自念，
中阴[2]时不缚自明，
证果时无障自现。

凡为那若师法嗣，
甚深教授实修持，
有根性者生定解。

若是愚昧邪见人，
就连佛主也毁谤，
连己身影也咒骂，
如此荒唐的恶棍，
何必同他论是非。

傻子跑着胡乱叫，
智者则不步后尘，
我以言词讲法空，

【1】和合往生——法界和心识融为一体，于法性光明之中任运往生。往生，即去到如来之极乐净土，谓之往；化生于极乐净土莲花中宝座之上谓之生。
【2】中阴——藏传佛教一般说法：人自死后到未投生之间称为中阴。

我身便是天剑轮[1]。
我语则是法自性，
我心就是智慧体，
弟子勿厌勤修持，
毫无疑问证菩提。”

弟子们听完歌后，皆生起了信念。

又有一次，玛尔巴和从人等散步经过河畔之时，正好碰到一条猎犬追赶一只鹿子，那鹿被赶入河中淹死。玛尔巴便说：“我给它施夺舍法。你们有的到死鹿的后面去阻挡猎狗，有的在这躯体跟前看着。”言毕，便对鹿子作起夺舍法来。一会儿那只死鹿果然跃出水面，直奔师父静室而来，到静室外的平坝上便倒了下来。

师父醒转过来，同弟子随从人等[2]一起看那只死鹿之际，猎人们赶来，并准备将鹿子拿去剖割。上师便笑着说：“我施法从水边[3]找来的鹿尸，你们别想夺去！”在旁的僧众和从人便将上师作夺舍法的经过告诉了猎人们。

他们听后，有的说：“那么就请在我们的面前再作一次夺舍法，我们可将那只死鹿作供养。”有的说：“如你们所说的一样，只要我们亲眼看到，不但供养那只死鹿，而且还可供养其他财物。”为此，玛尔巴又给那只死鹿作了夺舍法，于是那只死鹿复活，走到静室内院，倒了下来。上师醒过来说了一偈道：

【1】天剑轮——藏传佛教密宗本尊持于手上的标帜，形如钢轮无辋，辐皆双口利刃，尖极锋利，金刚半杵作柄。
【2】此句系据拉本第67页背面第4行而译。
【3】此句中的“水边”系据拉本第67页背面面5行而译。川本第141页中，作“荒地”。

“仰赖师恩用夺舍，
获得所许会供物，
一切希望皆如愿，
获得[1]如意宝贝鹿。”

唱毕颂偈后，又说道：“当自己的灵性进入他体之时，自己也就出现了迷糊境象。”

由于作了那样的夺舍法，在场的众人都感到希奇和吃惊，也很高兴。猎人们便将那只鹿子和其他东西供养给上师。还有其他许多人入了法门。特别是玛尔巴恰司也产生了信仰，对过去的邪见深恶痛恨，进行了忏悔，并请求上师道：“师父您曾讲过‘如果不依酒肉和女人，那是自造罪’，这在我们心目中，认为如果是那样，便同我们凡夫俗子没有区别了。对此，您必有高见，请给讲讲吧！”

为回答这一问题，玛尔巴说：“你们看看天父天母不也是与那一样吗！真是不了解其妙义。我虽然行妙欲，但有不被它束缚之把握。”便唱了首通达证悟精通法要具有把握的道歌：

“诸位上师我顶礼，
蒙受先圣的恩典，
悠闲寂静修风脉，
边调身心边修炼，
四大虽乱也未怕，

【1】此句中的“获得”是据德本第55页前面第6行和拉本第68页前面第2行而译。

因知妙法满信念。

睡眠之时观光明，
边集意念边入禅，
纵入愚痴也未惧，
因解双运信念满。

梦境之时观佛身，
边开境界边观修，
虽入妄念不恐惧，
因懂幻化有信念。

受用欲乐观天神，
边尝妙味边修炼，
纵见吃喝不畏惧，
因知会供有信念。

方便道时修他身，
边生大乐边修炼，
虽在凡庸也不怕，
因知俱生有信念。

临死之时修迁识，
一面趋转一面炼，
虽现死象不惊悸，

因知圆满次第有信念。

舍命之时持中阴，
中阴好似云雾般，
虽生贪嗔也不怕，
因解自脱有把握。”

听了此歌，玛尔巴恰司十分信仰，便请求传法灌顶，后来成了玛尔巴的一位大施主。

又有一个秋天，在人众聚会的地方，有头牦牛因吃的过多胀死。干活的人正准备去收拾那头死牦牛时，玛尔巴说：“这是我的缘分，我来收吧。”语毕，便作起夺舍法来，使那头牦牛自己走到拉让[1]房前。然后玛尔巴说道：

“空行是身语意的秘密，
风脉是菩提心的骏马，
高高扬起平等之神鞭，
使老牦牛度过那难关。”

这不但使大家对夺舍法产生坚定信念，而且也使大家都一致说玛尔巴确实是个无可辩驳的成道者。但是这个甚深玄妙的夺舍法秘诀是单传独授的。玛尔巴只传给了他的儿子达玛多德。

【1】拉让——大喇嘛居住的宅第。

第四章 实现誓愿 宏法度生

通常先叙述上师为俄巴等诸有缘弟子，灌顶、讲经使其获得成熟解脱。但，特地要简略叙述的是：一、因其儿子去世，发厌世出离[1]心，饶益众生修法；二、预示佛法宏扬，赐神物[2]及教授；三、为引众生生信，身显神通变化。

【1】出离——四谛十六行相之一。脱离如狱三界轮回，安然往趋涅槃乐处。
【2】神物——灵物。宗教信为有神力的东西，如舍利及喇嘛、活佛用过的衣物等。

第一节 因其儿子去世，发厌世出离心，饶益众生修法的情形

玛尔巴从印度回来酬神后，大部弟子回到各自所依止之处。师徒们遵那若巴的教诫闭关修持。玛尔巴在色卡石堡上层坐修。二层是儿子塔玛多德。下层是一些大弟子及其余的儿子们在此闭关修持。母亲和玛尔巴郭勒、帕让巴瓦金等人为侍从。父亲（指玛尔巴）将往生夺舍法的教授传给塔玛多德。

多德对此教授已达到通晓熟练并获得把握之际，听到犬吠声和敲门声。儿子（指塔玛多德）便从窗孔往下看，见一人身穿白衣，手持弓箭。母亲开门出来后，走到那人面前。来人认真地说道："一年一度的阿姆秋盱节会后天就要开始办了。您家上师是施主，是节会和宴会的会首。按照日前所呈请柬，特来迎请父子俩其中的一位去参加，请务必要去。"说话时甚为严肃认真。

母亲以酒菜款待，来人正在饮食之时，母亲说道："你们将节会和宴会同时举办一定很出色。过去虽然去了，但这次，上师玛尔巴要遵照尊者那若巴的教授，师徒们得严守闭关三年，现只有一年。父子俩是不会去的。只有派其下面有名望的大弟子前去。如何？"一边说着，一边热情地款待他，他带着醉意说道："只请他们父子二人，并非因为没有坐首席的人。上师要是肯去，我可陪同前往。若是不肯去，我就走，我可把话捎到了，不要说没得到信儿。"他甩一下衣服下摆就离开了。

此时，塔玛多德心中思忖："我在现世间有善良的父母，叔伯、亲友和兄弟，彼此和睦相处，无忧、无患、无劳心之事，又精通佛法。此次，

我去这个节会最适时，也是上策。若是向父母说明，他们是不会允许的，只有偷着前往。”

第三天，山谷中的人们都穿上节日的盛装，前去赴会。塔玛多德想趁父母未觉察时而前往。正想从禅床上起来时，心里又想道：俗话说，“山峻悬崖陡，利多风险大，法深魔也精”。若被父亲知道，不但要遭到斥责，而且会有遭到魔鬼的危险。想到此便坐回禅床。又从窗口看见三位满头白发、牙齿脱落的老婆婆说道：“这洛扎阿姆秋盱的节会，以前我常常去逛，但老是看不够。现在不知哪天就要死了。此次去了，还不知能否再去看热闹？”拄着拐杖一跛一拐地朝会场走去。

塔玛多德不知三个老太婆是魔鬼幻化的。他想：像她们那样的老太婆都要去，我年青，而且父母健在，又是父母的爱子，为什么不能去呢？想到这里，突然破关而出。将一件白披风搭在肩上，便往外走。此时，正碰上母亲来送饭。母亲说道：“孩子，你到哪儿去？冒然破关而出是犯戒的，回楼上修法去。”

塔玛多德怕被母亲抓住便从楼梯往外翻，母亲手拿餐具去挡，没有挡住，只有叫喊。塔玛多德心想：“如果母亲有什么教诲我应当听从。要叫我呆在这儿，我可得逃跑。”遂像骑马一样骑在门槛上。母亲心想：“我要抓住他，他若肯听从的话，还能继续闭关修持；若抓不着，不肯听从，只好嘱咐一番。”遂说，“好孩子，听话，回来吧！”

塔玛多德说：“母亲，我如上弦皎洁之明月，父母双全，青春年少，无病无灾，正适合去看节会。此次，请一定答应我的要求。”母亲说：“那么你禀告父亲了吗？”“不必对他说了，对母亲您说也一样。”

当他要走时，母亲又说道：“孩子，你既然不听我劝一定要前往，我们母子俩就订个规矩吧！你要把下面七件事牢牢地记在心间：第一不要坐首席；第二不要受供养；第三不要作供施赞语；第四不要宣讲佛法；

第五不要饮酒；第六不要赛马；第七太阳偏西就快快往回转。”“孩儿一定遵从。”塔玛多德说完，便想直奔会场而去。母亲又派尊者米拉、玛巴郭勒为首的四人陪同，并细致地叮嘱再三，便打发他们一道去了。

之后，母亲独自一人在家，感到心慌意乱，焦急不安，不由得掉下眼泪来。心想：我的孩儿以前也曾为利他之法事出门一个多月，我也并未如此不安。此次只有一天，竟是如此心绪不宁，莫非有了什么灾难？

多德师徒一行来到阿姆秋盱节会上，在座的人很多，他们便在上师善知识们的座尾、众俗人的座首之间坐下。坐在座首的年长而道行高深的上师看着座尾的人，怀疑是塔玛多德，于是派人前去察看后，得知是他，便请他到首席，塔玛多德不肯坐首席。坐首席的人们说：“我们坐在玛尔巴大师公子的上首，无论如何都不合适的。”

于是坐在上首的上师们便各自拿着自己的坐垫像一队飞鸟一样移到下首，于是乎便把塔玛多德推到首席。因此，他接受了供养；作了供施赞语；一一回答了善知识们的提问，还讲了法。大家得知他对于佛法是精通的。在座的贵族们依次出来敬酒，由于一再相劝，不得不喝点酒。

此时，太阳已偏西了，尊者米拉说道：“师宝！节会与宴会就要散了，往往节会总是以争辩结束，临来时，师母的嘱咐已大都违背了。太阳已经偏西，无论如何得回去。”塔玛多德说：“阿波吐钦（指米拉）你说的对，我们走吧！”

刚要动身回家，多德的舅父牵了一匹名叫白膀乌鸦的马走来，他是洛扎地区的富户，由于有阳萎病没有孩子。这匹马也是洛扎地区跑得最快的骏马，马上备有上好的鞍具。舅父说道：“外甥！骑上去。今天你作的供施赞语等说明了你对佛法很精通了，再赛一回马，说明你的骑术也很精湛。赛一下吧！”便将缰绳放在塔玛多德的手中。

多德说：“今后舅父无论吩咐什么事我皆遵命，此次请勿命我赛马，出门前母亲曾有些吩咐，大都已违背了，要再赛马，那就全部失信了。”舅父说道：“你的母亲权势虽大，但她是我的妹妹。我再不行，也是她的哥哥。你听母亲的话，为何不能听我的话？俗话说‘舅父虽落水，但别抓头发’（意即不要轻视他）。所以你无论如何非骑不可。骑后，马和鞍具等都送给你。”说着便拉住他硬扶上马背。

多德已无法再推诿，只好赛起马来。他生得英俊，马技也高，佛法与世法两方面都出类拔萃。这时，很多人前来献新[1]，他也为此略生舒适快乐之感。米拉说：“师兄！今晨您母亲所嘱咐之话，都已违背了。俗话说：‘得胜出名速勒马。’在节会没散之前，务必请往回走。”多德骑着舅父送的马，由米拉牵着，师徒们准备一起往回走。

这时，塔玛多德说：“我不是老朽，也不是病人不能骑马，不用你牵马。你们先走吧！”于是扎巴[2]们走在前面，他们之间的距离逐渐拉远了。他们从叫作垄巴咸[3]的沟里往下走，路的一边是急流撞击的悬崖，一边是片状乱石山，中间是黑刺丛林，丛林中有沙鸡窝，马经此地，马蹄声惊动了沙鸡母子，七只沙鸡的展翅声及树枝相碰的沙沙声吓惊了马。

塔玛多德在马上一歪，脚便卡在马镫中，塔玛多德被马在乱石中拖出一箭多地，头碎破了，鲜血脑浆满地。马还在不停地奔驰着。恰巧这时米拉回头观看，见马背上没人，只有一匹空马在跑，想塔玛多德一定被马甩了下来。于是他运足了气跑过去，将马拉住，拴在树上。把塔玛多德的脚从马镫中取出时，他已不省人事了。

米拉把他的头抱在怀里一看，头已摔成八块儿，脑浆和血直往外流，

【1】献新——在新鲜饮食未用之前，首先取以供神的部分。
【2】扎巴——僧人之总称。
【3】垄巴咸——咸，意为不好；垄巴，意为地方。意为不祥之地。

伤势很重。没有别的办法，只是伤心流泪。当其余弟子赶到时，也抓着手脚，喊着名字，放声大哭。之后，大家商议："骑不了马，做个轿子把多德抬回去吧！"大家用供礼中成匹的绸缎为多德缠头。正要扎绑轿子时，一阵微风吹来，使塔玛多德苏醒过来。他直视着米拉说道："阿波吐钦，你来得正好，刚才，我被马甩下来了，可能头部受了伤，你们在做什么？"

"上师，您不能骑马，也不能行走，我们正准备绑轿子。"

"大鹏虽饥，照样翱翔。试试看！我能不能骑。"解开腰带，撕成两半。大家按他说的办，用半幅包头，半幅系在腰间。

"好，请把我扶上马背。"于是把他扶上马背。多德说："郭勒叔叔年长，请您为我牵马，其余二人在左右搀扶。阿波吐钦，您先回去向我父母说明一下我受伤的情况。"于是师徒们便在后边缓缓前进。

米拉尊者一到家，便直奔石堡顶上，见到师父，顶礼后说道："师宝！我要说三句不敢贸然陈述之话。"上师说："过去你来时，总是高兴的样子。此次，可能发生了不愉快之事。有什么就说什么吧！"米拉还没开口便双目流泪，过了片刻才禀告了详情。

"这孩子今天去会上了吗？"

"去了。"

"在何处摔伤了头部？"

"在垄巴咸地方摔伤的。"

"此地真是垄巴咸！"

"现在死了没有？"

"没死，随后就到。"

"伤口是如何处理的？"

“将他的腰带撕成两半儿，半幅缠头，半幅系在腰间。”

师父说：“这是我们父子俩将要分别的预兆。昨晚我梦见一位在家人，他说：‘那若巴大师吩咐，叫你把心脏取出交给我带回。’我认为应遵从师命，即时将心取出交给他。他很高兴，把心脏装进头盖骨内，用钺刀盖着便走了。又梦见曼陀罗中央破裂，日、月从虚空中陨落，热嘎达[1]湖水干涸。现在我去也不顶用了。要是不去，我们父子一场，可怜他，我还是去吧！”于是父子俩在拉野地方见了面。

“今晨我因看节会，头部受了伤，请看看要紧不。”说着将头投入父亲怀里。父亲将缠的带子解开一看，头盖骨已摔成八块儿，脑膜破裂，血浆四溢。心想他已不能耽搁多久了。这会儿多德已气[2]生变态，神志不清。父亲便将其头抱过来，放在右侧怀里，对着耳朵为他唱转生[3]祈祷歌。歌道：

“我儿塔玛多德崩，
为父有言听心间，
你父玛巴译师我，
曾经三次赴印地。

恭敬依止具德师，
那若、麦哲尊座前，
广学续疏和教授，

【1】热嘎达——梵语音译，血之意。
【2】气——藏医所说人体三机能之一。
【3】转生——佛教徒于人初死时诵咒使死者灵魂往生净土之法。

释四灌顶之枢要，
殊胜往生夺舍法，
毫不隐瞒给儿传。

续疏连同其教授，
能否忆持多德崩！
通常一切有为法[1]，
无常[2]坏灭是规律，
孩儿幻身难常存，
突如其来遭魔难，
白螺轮般颅骨已损伤，
白绸般的脑膜已破裂，
脑中诸佛会众已散离。

孩儿幻身坏灭是真谛，
你父本是天界曼陀罗，
灵魂宜从梵天道中出，
此次往生父亲之心间！”

父亲唱此歌时，母亲在家里听到后，心想：上师在石堡顶上修行，现为何在拉野唱寿转祈祷歌。可能是我的孩儿遇到魔难。急速来到拉野，看见儿子披头散发、头破血流，倒在父亲怀里。见此状遂即晕死过去。

【1】有为法——众多因缘和合造作所生事物，如五蕴所摄诸法。
【2】无常——坏灭之法，自身刹那迁流。

苏醒后，便对玛尔巴说道："您精通八支疗法[1]，孩儿能否有救？"上师道："我虽精通八支疗法，但无首之尸是无法医治的。正如人们所说：'三界有情气数尽，三世佛陀也计穷。'我是治不了的，若是你行，你来治！"

说着便将儿子的头放在母亲怀里，又说道："一铜瓢水，只有鱼眼大的一点油花，还洒在墙边了。'孩子本来在家闭关修行，却放出去看节会，不是你，还有谁？总之妇人之见犹如'山羊引路，雪猪守哨，灰尘作山标，酥油挡阳光。'没有不坏事的！"说毕埋头而坐。

母亲心想：我没有什么过错，现无暇争辩，否则怕对孩儿投生有障碍。上师是个痼习己见之人，又是孩子的父亲。即便不能往生，我是生他身心的母亲，出于悲悯之心也得为他作往生法。于是母亲嘴对着儿子的耳朵，哭着念起寿转祈祷歌：

"一切三世诸佛陀，
殊胜化身活佛宝，
具相玛巴大译师，
弟子向您行敬礼！

吾儿多德听心间，
儿将从此到彼岸，
有为三蕴将坏灭，
恐怕尚且存忧虑。

【1】八支疗法——藏传医学分疾病为八支：全身病支、儿童病支、妇女病支、魔鬼病支、创伤支、中毒支、返老支和壮阳支。

你父译师玛尔巴，
曾经三赴印度地。
不惜生命去求法，
依止许多具德师，
依止那若师座前，
耳传教授都听全。

毫无保留传给你，
现在还能铭记否？
那若大师诸教授，
现在还能把握否？
殊胜往生之教授，
现还能生信念否？
你对无生大手印，
现在能持等引[1]否？
你对往生夺舍法，
现在还能把握否？

有为血肉之身躯，
坏灭、无常似彩虹，
幻化之身难永存，
你母乃是无我女，

【1】等引——修定时一心专注入法无我空性所引生的禅定。

三世诸佛之生母。
八瓣莲花狮子座，
日月莲花之宝垫，
坐着圣人玛尔巴，
幻化九尊喜金刚。
灵魂可从梵天道，
转趋到我的心间。”

母亲唱此歌时，塔玛多德记忆力已消失，连一句话都未听到，由于母亲流下来的如豆粒般的一滴眼泪，落入塔玛多德耳中加上近取之缘，使塔玛多德又苏醒过来。他眼睛注视着双亲，想请母亲再重唱一遍往生祈祷歌。塔玛多德说道：“阿波吐钦！请您扶我起来。”将其扶起后，他自己把裂为八瓣的脑袋捆合在一起。

又说：“阿波吐钦，我面部有些不舒坦，请您给我擦一下！”米拉尊者用自己的衣服为他擦了脸。多德又说：“我这一生很想报答父母之恩，如今不但没报答，反使父母忧伤，为解除父母悲伤，我有三句话要禀告双亲，请您帮助我一下。”

尊者说：“请不要这样说，这对您的寿命是有危害的！”

多德说：“阿波吐钦！何谓生命之障碍，难道这还不是灾难吗？一切有情要走之大路，今天轮到我的头上来了，我也要走了。如同走到拉丝孔般狭窄的险路，那便是可怕的中有世间，一切众生大部得去经受恐怖炼狱之苦。我依仗父亲玛尔巴的恩德，有了自由投生的法力，不必去受那中有之苦。总之，既得到人身，不去奉行佛教，实在可悲！没有别的办法，只有请父母不要哀伤。阿波吐钦，请您帮我向父母献一首歌。”歌云：

“尊者是三分时上师宝，
您与大金刚持无分别，
父是幻化九尊喜金刚。
母是生诸佛之无我女。
我向父母恭敬来顶礼！
请给孩儿灌顶赐加持。

儿我即将由此去彼岸，
已不存在悲悯与胆怯，
未报父母大恩今死去，
孩儿虽死心中也不安，
然而无裨于事命即终，
故请两位双亲莫忧伤。

父亲所讲密乘之续疏，
至今尚能铭记在心中；
密乘便道那若之六法，
直到现在我尚能掌握；
殊胜和合往生之教授，
至今我还能够生信念；
无生大手印法之妙旨，
至今我还能够持等引；

殊胜往生夺舍之妙法，
直至今日尚且能掌握；
敬请二位双亲勿哭泣。

无生远离戏论大手印，
一切蕴界诸识生长处，
天与天女自性已明显，
能、所往生均与依处离，
愿能往生无生法界中，
不希隐入父母之心窝，
也不期望灵魂逆向行。

上师那若、麦哲的续疏，
请传俄顿、吐钦诸弟子，
你们要将佛法广宏扬，
我虽在世所为亦唯此，
临死之前只以此事托。
我的双亲及其诸弟子！
今生今世难以再相见，
但愿来世能在乌仗那[1]，
空行净土我们定重逢！”

塔玛多德以歌报答父母后，玛尔巴说：“我儿在世，全境风调雨顺，

【1】乌仗那——古印度因陀罗菩提王国名。

五谷丰登，家给人足，根除瘟疫，家畜兴旺。特别是不经观修即生成佛的往生夺舍法，已在西藏土地上得以宏扬。对众生获得幸福很有效益，但不幸你却遭此魔难。”后，将塔玛多德迎至家中，父母及其诸师兄弟围着他而坐。

一些具信的女弟子白姆等请求为利益众生，而修往生夺舍法。塔玛多德说：“那么为使不经观修即生成佛的往生夺舍法，能在藏区广为宏扬，你们去找一个洁净而无伤痕的儿童尸体来！”说罢，弟子们便分头四处寻找，因为不经观修即生成佛的往生夺舍法，在西藏没有宏扬的缘分，找不到一个没有伤痕的男孩尸体。

一个密乘弟子背来一具因得瘿瘤病而死的老妪尸体，并请求道：“请往生在此尸体中。”塔玛多德说：“这尸体因不能作利生事业，我不转趋。”没有作往生法。又一个牧羊弟子，在一座破败不堪的庙中，找到一个因被鹞子追赶倏然而死的鸽子。拿回来请他作往生法。

多德说：“往生到鸟禽躯体中，怎么能利益众生！致使我的投生越来越低，对你们有什么好处？我决不往生到鸽子身上。”不愿转趋。于是一些弟子及牧羊人产生了邪见，遂诽谤道：“圣者玛尔巴译师，说有即生即身成佛的密诀，不是真话，过去玛尔巴所作的，大概是幻术！”

多德听后说：“从印度翻译之佛法，岂有不真实的，尤其我父所传之佛法，岂有不真实的，不要对上师生邪见，若对上师生邪见，便是堕入恶趣轮回之因！现为宏扬佛教，特别为表明我父所传之法，极为纯正，又为牧羊人等不堕入恶趣，我要往生到鸽子身体中，我正在修生起次第[1]，收摄圆满次第后，再行往生法。因在修生起次第中作往

【1】生起次第——为求净治四生习气，解脱凡庸见、闻、觉知之缚，现见本尊、真言、智慧本性而修习之瑜伽。密乘中修习本尊三身为生起次第。

生法则犯杀害本尊之罪，我要结束圆满次第了。把死鸽子放在我枕头上。摆上供品！”众人遵命摆上供品。塔玛多德观想生起次第时，喜金刚变化九尊清晰明亮，一切凡夫都亲眼看见了。当收摄圆满次第后，作往生法时，多德已无生气，而鸽子却微微动弹了。当多德咽气时，鸽子猛然站起抖搂着翅膀，向父母作顶礼之状，并绕行三周之后，便朝卓窝隆沟头飞去。

玛尔巴说：“孩儿回来！”便往回转，围绕色卡石堡转后，便落在父亲右肩上。父亲说道：“达美玛！今后，我们只有指望鸽子了，把它迎到佛堂里去，献上供品。”遂即将鸽子迎至顶楼，呈献供品让其安住。同时准备安葬及焚化事宜，并建起焚尸亭。玛尔巴与诸大弟子共修火祭法。

这时，从四面八方放射出八种不同之光，天与非天之声，各种各样乐器演奏声，天降五彩缤纷的花雨等等交相辉映。在场的人都亲眼看到了。之后，将往生的鸽子迎至五彩路。玛尔巴说道：“儿子！你转一下焚化亭。”鸽子遵命转了焚化亭，在场的人们都感到非常惊奇！

因此，在他们的心目中，都视玛尔巴父子俩为佛陀。正在这时，母亲达美玛突然不见了，不知到哪儿去了。她正在往焚化亭里跳时，被扎巴们抓住，母亲说：“纵然不让我跳入火中，也得让我转一下儿子的遗体。”说毕悲伤地哭诉一番。大弟子们搀扶着转了遗体。当时，聚集在此地的人们没有一个不掉泪的。此时，玛尔巴大师心中也有些悲伤。

前些天，有一对老夫妻，仅有一个儿子，儿子死时，玛尔巴为使老夫妻俩不过于悲伤，宣讲了许多佛法。并说：“你俩犹如梦中得子，儿子死了生起痛苦。其实根本没生儿子，岂能有死儿之苦？你俩的儿子与梦中之子无区别，全都如梦，如幻。不要悲伤。”

于是老夫妇俩来到玛尔巴面前劝慰道：“上师！我老两口的独生子

死时，你曾劝解我说，一切如梦，如幻，不要悲伤。您现在还有以塔玛桑登为首的六个儿子。塔玛多德之死，也如梦，如幻，请您不要悲伤！”上师说：“是的，我以此语向你俩宣讲了空性法，我没有执着诸法谛实的苦恼。你俩的儿子，初时夺取你们的精力和饮食；中间耗费去你们的钱财和产业；最后还要使你们堕入三恶趣。他与我儿不同。我儿要不死，有助于佛教，有利益众生。他是‘梦中之奇梦，幻中之奇幻。”当布施僧众、礼佛供神等结束之时，玛尔巴又入定观察多德在何处宏法利生，知其在印度之后，便给鸽子设供并作了吩咐，在集市上人们看得到的地方将鸽子放往印度。

玛尔巴在入定中又说：“达美玛！收起旧供，摆上新供，我的儿子走错了路。”双手合十蒙头入定。下午，鸽子带着疲倦的样子，钻入父亲的怀中。玛尔巴说：“今晚将鸽子迎入经堂，摆上供品。”众人遵命将鸽子迎入经堂供养。次日清晨在大众聚会之地又将鸽请出来。

父亲说道：“儿子，你昨天走错了路，左边那山，如毒蛇蜿蜒爬行之状，若到此处，即到了外道禅院，此处去不得。右边那山，如大象在栅栏里，沿此道而行，走到山脉的尽处，有本尊所显之光引路，可随之而行，使可到尸娃瓶寒林[1]。在那儿可遇到有人送葬，约有一个十三岁的婆罗门[2]尸体，你就往生到此尸体中，是可饶益众生！”

鸽子听了以后，绕父母飞行三周，作辞别状点头三次，遵从父命飞去了。众人皆为此而流泪，并对夺舍法[3]产生了信念。众人视玛尔巴如亲见佛祖。此后，鸽子遵照父亲嘱咐而行，没遇到一点障碍，便到了尸

【1】尸娃瓶寒林（尸陀林）——古印度八大尸林之一。
【2】婆罗门——梵文音译，古印度的贵族僧侣阶级名。
【3】夺舍法——传说使灵魂进入别人尸体的一种法术。

娃萃寒林。恰遇婆罗门夫妻俩的独生子死了，前来送尸体，当送葬的人要作尸供[1]时，多德立刻作夺舍法。

尸体便站了起来。送葬的人们都惊骇起来，多德前生仗父亲之恩，略懂一点印度语，说道："我不是诈尸，是活转过来了！回家吧！"大家惊喜若狂，认为是奇迹！便结伴回家。过去和他玩耍的朋友们说："他没有死，就在眼前。"乡里的人们说："他去寒林修法事去了。"回家后看到双亲，父母气阻已昏迷，当清醒过来时，知他死而复活，真是万分欢喜，便问送葬的人他是怎样活转过来的。

他们说："在孩子的尸体边飞来一只鸽子，它的头一歪便死了，孩子便活转过来了。"父母和过去一样疼爱和哺育孩子。而孩子比过去性情更温和，更喜爱佛法，孝敬双亲，慈爱穷人，敬奉三宝，精进善事。当父母得知不是自己的儿子时，便问了他。多德将由鸽子夺舍到其子的尸体等详情一一讲述了。

印度语把鸽子叫"底普"，这又是奇迹，故称其名为"底普巴"。不视为儿子，当作上师看待。老夫妻俩服侍他。他老两口如同有亲生儿子一样受益。后来他出了家，在闻、思、修[2]方面有所成就，成为德行高深的圣人。此人名为底普密咒主[3]。关于印度的一些往事，后经底普巴宣讲由日琼巴传出。

之后，将多德的焚化亭打开，见颅骨片上有胜乐金刚五尊的形象，身语意所依的舍利也出现很多。一些漠不关心的人说："继承玛尔巴大

【1】尸供——在尸林中宰割尸体作为供品，诵经以供神祭鬼的一种宗教活动。

【2】闻、思、修——从他听闻心有领会为闻；依教依理如法思考所闻意义，生起定见为思；反复熟练如是闻思所生定，扫除疑惑为修。

【3】底普密咒主——古印度一大成就者名。

师后嗣的还有六个儿子，佛法传承也有很多贤德大弟子。从这些使人信服的奇异的夺舍法和奇特的舍利子来看，塔玛多德死了比活着更能利益众生。”

以前不曾来过的各处弟子，都来献供品，吊唁塔玛多德。此时，他的母亲达美玛非常悲痛。诸弟子聚集一起为塔玛多德作定时祭祀，在祭祀中玛尔巴说：“达美玛！不要使各地来的僧众也伤心。本来一切有为法性就是如此，不是为我们而特别出现的，并与我师父的授记相符合，你这样不但对儿子不利，自己也烦恼，也妨碍为别人说法，要向老夫妻俩那样对待儿子之死。现在不要悲伤了。”并唱了一首为她解忧之歌：

“顶礼！具大恩德诸上师，
说法即能领悟智慧女，
我与达美玛你来商议，
生起觉悟并将烦恼降，
辛勤哺育之子多德崩，
如今已升极净光[1]天界，
功德可与先哲相并列，
念、欲、幻化明白忆心间，
世间没有令人悲伤事，
一切有情均无亲与疏，

【1】极净光——二禅天之上层。生于此中诸天，所发光明，照耀其他天处，故名极净光，亦称光音天、极净光天。

慈爱哺育众生，达美玛！
解除思儿之苦，达美玛！

运用金粉所写诸经典，
佛像、佛经、宝塔诸供品，
均是为了多德而施设，
多德已升极净光天界，
圣物无主如虚空彩虹，
若能领悟其虽现而空，
既然现已没有供奉处，
请供诸位大德，达美玛！
解除思儿之苦，达美玛！

受苦受难所得密经疏，
总摄诸法精要之教授，
深奥《密集》[1]经典之要义，
声明之学诵读及译法，
虽然均已传授多德儿，
但他已升极净光天界，
法无主如伏藏[2]的书题，
若能领悟佛法平等性[3]，

【1】《密集》——汇集密乘道果全部秘密要义之法。
【2】伏藏——从地下挖出的佛教经文。
【3】平等持——空性、佛家所说遍于一切事物的真理。

应当传授大众，达美玛！
解除思儿之苦，达美玛！

节俭所存衣食和财物，
各处信徒所供牛羊群，
虽然都为多德而积攒，
但他已升极净光天界，
财帛无主像地下宝藏，
牲畜无主如草原野兽，
若能领悟珍宝大手印，
对其抚养确实无意义，
请你普施大众，达美玛！
解除思儿之苦，达美玛！

家乡北萨城堡和田园，
及其米拉所修之土堡，
虽然都为多德而建造，
土堡无主如干达婆城[1]，
若能领悟境相空如幻，
对其贪爱确实无意义，
舍爱城堡之心，达美玛！
解除思儿之苦，达美玛！

【1】干达婆城——梵文音译，寻香城。喻如海市蜃楼，比喻虚幻之事物。

父系母族搂之于胸前，
憎恨仇人弃之于背后，
虽然均为多德而造作，
但他已升极净光天界，
若悟诸相皆是从心起，
亲疏敌我也即无分别。
一切观修法身，达美玛！
解除思儿之苦，达美玛！

本来一切有为法性相，
最后无一能够得恒常，
况且你我之子多德崩，
我们只是暂时关系断，
此乃无法挽回之果报，
无需为此苦恼，达美玛！
解除思子之苦，达美玛！

自身要作之事唯佛法，
要以悲悯护持诸众生，
对于我们所剩六孩儿，
彼等住持佛法虽无望，
请如多德爱怜并抚养。
解除思儿之苦，达美玛！

那若大师之预言，

我的弟子及传承，
如同上弦之望月，
日趋一日往上升，
完成佛教众生事，
噶举教派得昌盛。
心情舒畅，达美玛！
除思子苦，达美玛！”

唱完道歌之后，师母达美玛等人，都得到安慰，对一切修持发挥了效益。

第二节　预示佛法宏扬，赐灵物及教授的情形

僧众、弟子们全都来为多德修周年祭供法会，在法会上，诸大弟子向大师（玛尔巴）禀道：“师宝，师兄（多德）如同三世佛陀，我等众生之福德所不能及。师父您年事已高，今后噶举派将如何宏扬，我等弟子的教化功业如何？请给于授记。”

师父说：“我们乃那若班钦的法嗣，对于缘起不但精通而且得心应手。关于宏扬噶举派，那若班钦也有很好的预言。你们诸大弟子各自去等待梦兆吧！”于是，诸大弟子各自去等待梦兆。大家虽然都得了好梦，可是都没得到预言。米拉尊者得到“四大柱”的梦，便来到上师尊前将梦情作如下禀告：

“依照金刚持吩咐，
昨夜入睡得一梦。
梦中详情禀师尊，
请师暂且听一听。

广阔瞻部洲[1]北方，
耸立雄伟之雪山。
雪峰高耸触云霄，
日月环绕雪山顶。
光亮充满着虚空，
山麓婉蜒遍大地。
四方江河齐奔泻，
水使众生得满足。
河水流归于大海，
百花绚丽又芬芳。
总之梦境是如此，
禀告上师三世佛。

梦见气势磅礴之雪山，
东方竖有高大柱一根，
狮子傲然挺立大柱上，
雄狮青绿长鬣多而密，

【1】瞻部洲——梵音译作阎浮提。佛学家宇宙学所说环绕须弥山外的四大洲中的南方洲名，全名南瞻部洲。

狮子四爪雄踞雪山地，
狮子眼睛威视蓝蓝天，
狮子纵跳于那雪山巅，
禀告上师三世佛尊前。

梦见南方竖立有大柱，
柱头之上老虎甚威严，
老虎斑纹粲然多而密，
梦见老虎三次笑开颜，
老虎四爪盘踞在林苑，
老虎眼睛仰视蓝蓝天，
老虎跳跃在那山林间，
梦见松林郁郁连成片，
禀告上师三世佛尊前。

梦见西方竖立有大柱，
柱头之上大鹏在盘旋，
鹏鸟羽毛美丽多而密，
鹏角扬起直插九重天，
鹏眼仰望蔚蓝之天空，
鹏鸟展翅翱翔在空间，
禀告上师三世佛尊前。

梦见北方竖大柱，
柱上鹫鸟在飞翔，

鹫鸟羽翼多而密，
鹫鸟筑巢岩石间，
鹫鸟养育一鹫雏，
其他小鸟布满天，
鹫鸟仰望蔚蓝天，
鹫鸟翱翔在云端，
禀告上师三世佛。

这样梦境之缘起，
想是吉祥之征兆，
我甚欢喜心智明，
请师预示把梦圆！”

师父甚喜，连说：“梦得好！”又对师母达美玛说道：“快去准备一个精美的会供轮！”于是师母去筹办会供的用品，并召集各大弟子都来聚会。在一个很精美的会供轮会席上，师父说道：“米拉多杰坚参作了这样一个好梦，真稀罕！”诸大弟子请求师父将梦的含义加以分析，并预示未来。

大圣人、大译师引用鼓音王调的韵律，唱了一首长歌，为诸弟子预示未来佛法繁荣昌盛，讲解梦中四大柱的意义。唱道：

“三世诸佛众生怙主！
顶礼！班钦那若师！
在座诸位大弟子，

梦中征兆所启示，
奇特希有之授记。

且听为师来宣示：
梦见世界北方之大地，
乃指藏上所宏之佛教；
大地耸立雄伟之雪山，
乃指噶举教派及为师；
雪山峰顶高耸触云霄，
象征我派正见无匹敌；
梦见日月环绕雪山顶，
即是光音智悲大修持；
梦见光亮充满虚空间，
悲心清除无明之黑暗；
山麓蜿蜒遍及到大地，
预示我派佛业大普及；
梦见四方江河齐奔泻，
乃是成熟解脱四灌顶；
梦见水使众生得满足，
象征徒众成熟与解脱；
梦见河水流归于大海，
极光净天母子相会聚[1]；

【1】极光净天母子相会聚——这是密宗修证中一种境界，本体的极光净称为母光，证得两种光相契合则称为母子会聚。

梦见百花绚丽又芬芳，
即是体验、无过之正果。
此梦并非恶梦而至善，
在座诸位僧人及门徒！

梦见气势磅礴之雪山，
东方竖有高大柱一根，
乃是堆地促敦旺额也。
狮子傲然挺立在柱上，
他的习性犹如狮子般；
雄狮青绿长鬣多而密，
是他得到耳传之教授；
狮子四爪雄踞雪山地，
是他已发四种无量心[1]；
狮子眼睛威视蓝蓝天，
是和六道轮回相告别；
狮子纵跳于那雪山巅，
是它安然前往解脱洲；
东方之梦是吉不是凶，
在座诸位僧人及门徒！

梦见南方竖立有大柱，
乃是雄地俄顿却多尔。

【1】此句中四无量指慈、悲、喜和舍四种。

柱头之上老虎甚威严，
他的习性犹如猛虎般；
老虎斑纹粲然多而密，
是他得到耳传之教授；
梦见老虎三次笑开颜，
是他已能识别三种身[1]；
老虎四爪盘踞在林苑，
是已成就四种功德业；
老虎眼睛仰视蓝蓝天，
是和六道轮回相告别；
老虎跳跃在那山林间，
是他安然前往解脱洲；
梦见松林郁郁连成片，
象征法嗣延续不中断。
南方之梦是吉不是凶，
在座诸位僧人及门徒！

梦见西方竖立有大柱，
是藏绒地梅敦村波也。
柱头之上大鹏在盘旋，
他的习性犹如鹏鸟般；
鹏鸟羽毛美丽多而密，
是他得到耳传之教授；

【1】三种身——法身、受用身、变化身。

鹏角扬起直插九重天，
那是已断见修之谬误；
鹏眼仰望蔚蓝之天空，
是和六道轮回相告别；
鹏鸟展翅翱翔在空间，
是他安然前往解脱洲。
西方之梦是吉不是凶，
在座诸位僧人及门徒！

梦见北方竖立有大柱，
那是贡塘米拉日巴也。
柱头鹫鸟凌空在飞翔，
他的习性犹如鹫鸟般；
鹫鸟羽翼美丽多而密，
是他得到耳传之教授；
梦见鹫鸟筑巢岩石间，
他的寿命比石还要坚；
梦见鹫鸟养育一鹫雏，
是他无以匹敌世无双；
其他小鸟布满虚空间，
噶举派教兴盛扬天下；
梦见鹫鸟仰望蔚蓝天，
是和六道轮回相告别；
鹫鸟展翅翱翔在云端，
是他安然前往解脱洲。

北方之梦是吉不是凶，
我为在座诸位把梦圆。

为师应做之事已做完，
现该尔等门徒去旋展。
若肯信赖为师我之言，
将来修持、法门得宏传。”

上师讲完后，与会者无限欢喜。

于是上师为诸大弟子们打开了妙法与教授宝库之门。白天为他们宣讲，夜里让他们观修。大家正修得火热之际，有时弟子们组织会供。一次，梅顿从外边回来作第二次会供，在会供席上，梅顿说道：“上师，塔玛多德师如佛一般，是我等福泽所不能及。上师您自己如日月一般，以俄巴为首的心传大弟子，如行星巡绕着日月一样，围着您转。使得密乘教的光芒普照四方，真稀罕！因此，在今晚僧众的会供席间，请将您的事迹作一首道歌唱给我们听，以便我们效法。”玛尔巴深知梅顿对于教法非常严谨，遂唱道：

“上师与那不动佛无别，
安住我的头顶为庄严。
今在宣讲密宗法会上，
玛顿确吉罗卓为师我，
需将往事作歌唱一番。

耳闻圣地之名赴后藏，

来到吉祥缪古隆寺院。
犹如灾年饿鬼吞食般，
勤奋修习密宗整三年。

如此犹恐年华虚度过，
心想前往南方尼婆罗，
痛感法匮如渴思水般，
有朝一日我能懂佛法，
有求法者必定赐与他。
受苦舍命求得之佛法，
深奥教诫泯没实可惜！

除了梅顿、俄敦二人外，
未对他人宣讲密经义，
虔诚求法之人要宣讲，
无论有无财帛与供养，
从前不曾隐藏和保密。

没有一点财帛之吐钦，
与那恭敬侍奉的俄敦，
传授教诫不分亲与疏，
都按戒律修持佛妙法。

我为求法力行受艰辛，
不曾浪费钱财和珠宝，

手中拿上黄金八十两，
为那殊胜依处作供养，
供养恩德无比之上师，
为那殊胜圣地作供养。

弟子所作供养和侍奉，
我以无量佛法来报答。
佛法精要亲自去修证，
应使众生得到大裨益。”

梅顿听罢道歌后，产生信念并萌发宏大心愿。

一天晚上，玛尔巴正在进行无我母甚深灌顶时，思索诸弟子中何人适合教授何法会有所建树，便将那个法传给那个人。（决定）等来日黎明时，观察他们的缘起后再定。黎明，玛尔巴于光明（定）中观察诸大弟子，看见俄敦却多在为一些人讲解《喜金刚续疏》；堆·促敦旺额在修往生法；藏绒·梅顿钦波在修光明法；尊者米拉日巴在修脐轮火。

因而得知各人对何法有缘及其功业所在。他通过六边四理为俄敦传本续，如珍珠串般之教授。并传给他那若巴六庄严[1]红莲宝石本尊像，烧施用的圆勺及印度注疏的经卷，等等。同时，吩咐他说："通过说法去普遍饶益众生吧！"

他传给堆·促敦旺额往生法，如天窗顿开鸟即飞之教授。又赐给他那若巴的头发、指甲、甘露丸[2]、五部佛冠等。并说："去修炼往生法吧！"

【1】六庄严——佩戴的六种装饰品。
【2】甘露丸——经佛教徒念咒加持过的药丸。

他传给藏绒·梅顿钦波光明法，如黑暗之中点燃酥油灯之教授。又赐给他那若巴的金刚铃、法鼓、贝壳装饰的颅骨等。并说:“要断除中有。”

他传给尊者米拉脐轮火法，如劈柴燃火之教授。又赐给他麦哲巴的帽子，那若巴的衣服等。并说“到岩石山中和雪山圣地亲身观修去吧！”

此后，在全体僧众会供席上，上师说:“我依照你们各自的缘分而传给你们不同的教授，你们对弟子传承，最主要的是应从各自所得之教授让其受益并广利有情，以成就圣业。多德已故，我将噶举派祖师的教授及传承的加持力都赐给你们了，要尽力为之，利生事业定能兴旺。”

后，在梅顿作第三次供养的会供席上，梅顿说:“师父，今天请您悲悯我，将班钦那若的主张及您亲身之体验，请以定下之见地作歌！”

因为玛尔巴知梅顿对于佛法一贯非常严谨，于是说道:“我也想唱一首你所期求之歌，你也曾将财帛供养于我受用。我对佛法之程序和修持很重视，直到真正广泛掌握才算满足。唯有对教授不要过于严谨，对善信而不践踏佛法之众生，则应广传灌顶及教授。”为回答梅顿的期求和广传教授而作歌云:

“大乐自在众生主！
化身双运呬噜迦[1]！
各种舞姿皆具足，
空乐双运俱生前顶礼！

【1】呬噜迦——梵文音译，胜乐金刚之意。

见文即能解其义，
略示即懂之士夫，
耳闻即能得解脱。
无须词语来表达，
惠施无漏之智慧。

行动安乐之刹那，
如此则是无烦恼，
有漏[1]之心不信解，
乃是空乐三昧[2]流。
置于无分别之心，
如佛之师所教导。
另一派又这样说：
具有法相之明妃[3]，
各种技艺都娴熟。
生者犹如箭头鸟，
如此持续去修习，
怎生贪恋之恶习，
心续本来即清净，
突然之因不能坏，

【1】有漏——一经作为所缘即能增长烦恼的事物。
【2】三昧——于所观察事或所缘，一心安住稳定不移的心所有法。
【3】明妃——密乘活佛之妻。

犹如虚空是无为，
此非颠倒之真理。
心中所作明无垢，
能取灰尘无所缘。

《诀窍续部》[1]虽熟练，
生命行至临终时，
便要隐没到彼岸，
因此不能再受生。
自心本性如虚空，
勿被雾之寻思沾，
这是那若班钦讲。
依教之规而修习，
如蛇放入竹筒中，
身不劳作不动弹，
心中贪恋之烦恼，
如中要害之疼痛，
离功之心不散乱，
心之本性原本空。

犹如以锤毁万物，
目染、身受、心念之，

【1】《诀窍续部》——《医学四续》之第三部。全书从实用解析，论断全身上下一切病症，共九十二章。

即刻能够得解脱，
此义好好来领悟，
这是大印修习歌。

若是妙法能利他，
不应死守，梅顿巴！
对于有缘之众生，
不要严格守秘密，
口诀教授及时传。”

此后，诸大弟子各回自己的寺庙去了。师父对尊者米拉说：“你可在这儿多住几天。”米拉遵从上师之命住下。玛尔巴以往没将口耳相传的教授传给其他具缘弟子，他遵照那若巴的授记，只能传给米拉尊者。因此，将胜乐空行耳传之灌顶、教授及一切支分、连同秘籍等均传给他了。另外还传给他耳传的颂词等，广作教诲之后，为他唱了如下之道歌：

传承虽然普遍有，
但，只有空行才算真正有；
祖师虽然普遍有，
但，只有底罗尊者才算真正有；
上师虽然普遍有，
但，只有那若尊者才算真正有；
教授虽然普遍有，
但，只有耳传教授才算真正有；

观修成佛普遍有，
不经观修成佛更稀有。”

米拉尊者听后说道：“咱们的传承及教授，在印度都很闻名。因此，师宝在西藏之盛名与先辈祖师无区别。尤其您的事迹及其对上师无限敬信之心在印度也很有名望。”

玛尔巴说：“咱们的传承及教授在印度是闻名的。正如你所说，我对上师无限虔诚是出名的。这个名声不传出来也是不可能的。”遂唱道：

“我的传承美名传，
是因具有空行法眼故。
祖师美名天下传，
只因底罗他是唯一佛。
上师美名天下传，
因为那若他是法之炬。
我之美名天下传，
因是那若心传大弟子。
教授之法美名传，
耳传教授好似如意宝，
其他教派无此殊胜法。”

米拉尊者得到其他教派所没有的殊胜之耳传教授，如同宝瓶装满水一样，饱学玛尔巴各种教授而心满意足。因此，雪域之地佛教如太阳东升，解除一切有情的无明之黑暗，智慧之光普照，如同白昼。

第三节　为引众生生信，身显神通变化的情形

米拉尊者离开上师之时，玛尔巴问：“上师我的身可显现各种佛身，或者现四大[1]种，或者什么也不现，或者如彩虹相，或者如光明相，显示种种神通变化，你看见了没有？相信吗？”

米拉回答道：“看见了，不得不信服。我自己也想经过修习能够达到如此境界。”

玛尔巴说：“是这样！弟子。现在你要走，就走吧！”

米拉尊者便回自己的家乡去了。

此后，玛巴郭勒等一些弟子，也见到了上师显现出欢喜金刚、胜乐金刚、密集、金刚亥母等佛像。遂请问上师：“怎么了？”

师父说：“就是这样。”

又问道：“究竟是怎么了？请师父启迪。”

师父又说：“我在观本尊的生起次第与你们的净相二者同时出现而产生此相。”

一些人看玛尔巴大师的卧室及其他住处，都没见其真身，只见亮铮铮一条金条。有人看到清水在盘旋；有些人看到烈火在燃烧；有些人看到彩虹；有些人什么也没看到；有些人看到聚成的光团；等等。出现的

【1】四大——地、水、火、风四种元素。人是四大的产物，人终结时，同四大一齐坏败归空。

种种情景不一。

人们都来问道："这是何故？"

玛尔巴说："你们在梦中出现此情景，将问何人？"

弟子们回答道："当然要请教上师您本人，请上师解说！"

"此乃是我身体之脉、风、明点[1]转为精华，仍归原处，与你们净相同时所生的境界之缘故。"遂即唱道：

"依止的脉与那动之风，
还有庄严菩提心之马，
平等一味之鞭去抽打，
光音[2]无往无复而奔驰，
有缘能见种种境界相。"

玛尔巴又忆起前世，曾骑猛虎漫游森林及尸陀林，今后如能辗转运用迁识夺舍法，死亡之词将不会存在。但那若大师说，我在乌仗那空行净土更有利益于利生事业，召我前往。（我）遂遵命答应前往。

从此玛尔巴对过去、未来预知无阻，从房中外出，或从外入内，不走门及阶梯，凡所要去之处，皆能无阻碍到达。

他的儿子贝欧说："门及墙壁也阻挡不住我父亲的行动，要想约束他是不可能的。"他已到了一切无阻碍的境界了。在现证调伏一切众生，显示出无量验相和神通变化之后，师母达美玛化为光明隐没在尊者的心间。

【1】脉、风、明点——寿未变异、命未止息时之识所依处。此三者互相依存，脉如居宅，明点如财宝，风心如主人。

【2】光音——二禅天之上层。生于此中诸天，所发光明，照耀其他天处，故名光音，亦称光音天，极光净。

第五章　完成大业　隐入法界

玛尔巴一生专行宏扬佛教及利乐众生之事，到了八十八岁，鸡年，七月十五日，太阳刚出来时，他不但没一点病，而且现出恬静而舒适之状。此时，天上撑起了彩虹帐，空中降下各种花雨，无量香气四处漾溢。并有各种动人心弦的伎乐之声。他面带笑容、两颊挂着泪花，合掌、闭目、低头正在修习佛法加行七支[1]时，玛巴郭勒问道：“怎么啦！”

玛尔巴说：“快摆设上好的供品。吉祥那若巴由无量勇空行部众围着，说执行诺言，前来接我。我要到空行净土，伺候师父去了。”说罢遂即入定。玛巴郭勒等僧众，备上无量供品，正在献供时，天降花雨，乐伎喧天之声更大了，玛尔巴上师升天了。

【1】七支——修行佛法时加行七法。有敬礼支、供养支、忏悔支、随喜支、请转法轮支、请住世友支、回向支。

本来，玛尔巴大师他就是佛教的太阳，特别是雪域除暗的明灯，密乘教的中流砥柱。玛尔巴大师前世就是菩提萨埵变化身。仰仗具有德相上师大德之恩，故能从智慧勇士空行处，获得密咒的灌顶及教授。因此，他内证光明的技能精湛，于风心获得自如，夺舍、神境通[1]等等种种神通，自在具足，掌握种种无量功德。

他韬光养晦，外如凡人之境界，对妙五欲[2]及世间八法呈欢喜受用之相，广作有益于具根器的众生之事。《大般若经》[3]中记载："有些菩萨需有父母，不需妻室。有些菩萨需有父母妻室，不需儿女。有些菩萨需有父母、妻室、儿女和眷属等一切受用。"

玛尔巴上师他与后一条相符合。另外他同法胜菩萨[4]及常啼菩萨的事业（一样），来利益众生。又在《续部·佛平等合》第七品中记载：

"美貌妙龄女，
乃至美娇妻，
供养以财护，
圣佛菩提酬。
宝是我供养，
复以财帛赎，
金刚持加行，
此酬为胜酬。"

【1】神境通——神足通，身如意通，神境智通。示显能知识燃、飞行、多少、美丑、水行、土行种种神变，自在具足。六通之一。

【2】妙五欲——色、声、香、味、触。

【3】《大般若经》——有一百千颂或十万颂的《般若波罗密多经》。

【4】法胜菩萨——古印度一佛学家。

如上所述，通过接受供养酬敬之物而来利乐众生，使噶举派所持证悟之教法可与天齐。

玛尔巴的最有声望且受恩惠最多的，有十三位上师：善巧成就那若班钦，佛子麦哲巴，吉祥希瓦桑波，益喜宁保，瑜伽女汝必坚金，噶索日瓦，日日巴即森格岭巴弟兄，泽达日巴，古办鲁切瓦，智命大师，基特瓦，本达瓦即尼婆罗弟兄，尊者阿底峡等。

他所生的七个儿子有：塔玛多德，塔玛桑登，却丕，玛勒布，贝欧，扎欧，卡瑞诃罗等。

共许的四个心传大弟子，如前所述的四大柱。

具缘四大弟子有：藏洁浦的洛迦勤波，彭域的聂玛白姆，荡宁仲的玛巴郭勒，洛拉亚的帕让巴瓦金等。

玛尔巴译师的色身隐入法界之后，众人才深信他是真佛。于是有人愿出很大酬金，以求得到一点师父的头发、指甲以及小片衣物等。于是便用上等绸缎将大师如意宝般的遗体包裹起来，未有焚化，请求为利益众生而住于世间。上师之子贝欧等人，把遗体之肉连同骨头给人，收取酬物。头骨被请到彭域地方一个寺庙中，上师俄巴知道后，心中不忍，于是给师父的儿子们献了大礼，请求将师父的遗体赐与之。他们说：

“那么你供养的东西最主要的应是那若巴赐给父亲的红莲宝石本尊像。”俄巴遂依其言将红莲宝石本尊像等无量财帛奉献与他们。之后，便将遗体迎请到雄地。因此，在灵骨之中以俄巴大师寺庙所供奉之灵骨为主。

跋

上述玛顿确吉罗卓尊者的传记见者有益，系由米拉尊者和玛巴郭勒二人详细口述给恩宗顿巴，米拉尊者又讲述给日琼巴。之后，经日琼巴和恩宗顿巴、降秋杰波二人商议而编写成传记原稿，以此为本传之根本。此外又有上师俄巴、促敦、梅顿等人口传的记述。总汇诸传，其中唯世出世间如意宝琉璃鬘慈悲之孔，以增上意乐善妙文词之学贯穿之宝庄严鬘传，是使有情生信之殊胜眼缘，是能使欲求遍智成佛庄严的众生倾心之杰作。

此传记由游行尸陀林瑜伽士查同结布[1]写于旺秋米拉日巴现证菩提之圣地——秋瓦[2]化身宫殿中。抄录者为室利译师、学者强白却拉。

【1】游行尸陀林瑜伽士查同结布——即“后藏疯子”呬噜迦汝坚金。本名桑吉坚参（1452—1507），著有《米拉日巴道歌》《米拉日巴传》及其弟子日穷巴等人传记。

【2】秋瓦——阿里镇日地方一佛教圣地。

祈愿此传善业之神力，
能使众生证得菩提前，
见就二利逆缘皆息灭，
一切顺缘自然得成功。
愿我获得能使虚空般，
广阔佛土慈悲又清净，
众生见熟解脱之神力，
增上智悲二利到彼岸。

译后记

玛尔巴译师，原名塔玛旺秋，法名却吉洛追（公元1012—1097）。生于山南洛扎秋切的卓窝隆·牌萨村。自幼习法，先从卓弥译师学习梵文，继又三次赴印度、四次赴尼泊尔，从那若巴、麦哲巴、智藏等大德学习《喜金刚》《密集》《大手印》《胜乐》等密法，又将许多经典从梵文译成藏文。返回西藏后定居于洛扎卓窝隆，多方宏扬佛法，从学的弟子甚多，最著名的有米拉日巴等四大心传弟子。至其再传弟子塔波拉杰时，其教派势力更为强盛，世称塔波噶举，玛尔巴遂被尊奉为塔波噶举派的祖师。

鉴于玛尔巴在西藏佛教史和文化史上占有重要地位，《玛尔巴译师传》是西藏著名传记小说家桑吉坚赞与《米拉日巴传》齐名的又一部杰作，具有较高的文学价值，可以作为一部优秀的传记文学作品来阅读。同时，《玛尔巴译师传》具有多学科研究价值，是研究西藏社会历史、宗教文化、文学艺术、语言文字乃至风俗习惯的重要参考书。

为了继承和发扬民族文化遗产，加深国内各民族的互相了解，促进民族间文化交流，加强民族团结，我们将这部藏文名著翻译成汉文，供有关同志参考使用。当然，本书也有其宗教和时代的局限性，希望读者明鉴。

《玛尔巴译师传》是以四川民族出版社铅印本为主，并参照拉萨木刻版和德格木刻版的《玛尔巴译师传》进行翻译的。在翻译过程中，坚持忠实原文、保持原有风格和语言通俗易懂三条标准。行文主要采用现代书面语，同时照顾到人物身份及语言环境。道歌部分多翻译字数大体相等的整齐诗句，同时也尽量注意押韵。

此外，为了阅读、理解之便，在章后附有简明扼要的注释，在最后附有《译名藏汉对照表》（本书未列出——编者注）。

《玛尔巴译师传》翻译的具体分工是：张天锁同志负责翻译开头的颂辞、第一章及第二章的第一节；申新泰同志负责翻译第二章的第二节及第三节的第一、第二大段；文国根同志负责翻译第二章第三节的第三大段及第三章；张家秀同志负责翻译第四、五两章及末尾的跋；全书的通稿工作由申新泰同志负责完成的。上述同志在完成了各自承担的任务之后，共同对全部译注进行了多次认真的修改、校订。由于我们水平有限，尤其佛学知识欠缺，疏漏错误之处在所难免，敬祈同行及读者批评指正。

在《玛尔巴译师传》的翻译过程中，得到了西藏人民出版社杨志国、李小方及我所有关同志的大力支持，参考了藏学老前辈刘立千先生早年的节译稿《玛尔巴译师传》，受益不浅，在此一并致谢！

译　者

一九八八年元月于西藏民族学院